하버드 공개수업 인생론 특강

세계 최고 대학에서 성공, 행복, 인생을 배우다

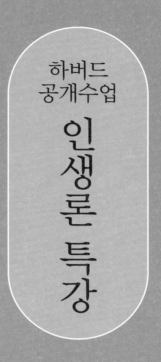

하버드
공개수업

인생론 특강

하버드공개수업연구회 지음
김경숙 옮김

프롬북스
frombooks

"이제야 조금 알 것 같다!"

미국 동북부의 매사추세츠 주 찰스 강변에 위치한 하버드대학.
1636년에 세워져 미국의 역사(1776년)보다 더 오랜 역사를 지녔으며,
오늘날 자타공인 인재 양성의 요람이라 불리는 명문 대학이다. 하버
드대학은 미국 역대 대통령 45명 중 8명과 퓰리처상 수상자 48명을
배출했다. 또한 하버드 졸업생의 약 20퍼센트가 미국의 500대 기업
에서 요직을 맡고 있을 뿐만 아니라 졸업생의 약 30퍼센트가 세계 각
지 기업의 CEO와 대표이사를 맡고 있다.

하버드는 어떻게 이토록 많은 인재를 배출할 수 있었을까? 하버드
는 학생들에게 최고의 교육을 제공할 뿐만 아니라 행복, 일, 성공, 열

정 등과 같은 삶의 다양한 영역에서 깨달아야 할 지혜를 전해주고 있기 때문이다.

하버드 학생들은 일과 인생에서 필요한 지식을 누구보다 더 빠르게 흡수하고 저장할 수 있다. 그러나 책상머리에 앉아 공부한다고 지혜를 바로 얻을 수 있는 것은 아니다. 하버드에서는 매 학기 정치인, 유명 학자와 예술가, 기업가 등 세계 각지의 저명인사들을 초청해 공개수업을 여는데, 이 수업을 통해 하버드의 교수들과 졸업생들은 재학생을 위해 인생의 철학을 나누는 시간을 갖는다. 하버드에서 이런 강연을 듣는다는 건 매우 중요한 자원이며 인생철학의 정수를 맛볼 수 있는 소중한 기회다. 다만 아쉬운 건 아무리 주옥같은 강연을 듣는다고 해도 깨달음이 없으면 무용지물이라는 것이다.

이 책을 쓴 하버드공개수업연구회는 하버드 졸업생들을 대상으로 "하버드를 다닐 때는 미처 깨닫지 못했던 것들은 무엇이었는가?"라는 질문을 통해 우리가 꼭 알아야 할 인생의 지혜를 뽑아냈다. 그들은 "그땐 미처 깨닫지 못했으나 이제야 조금은 알 것 같다"라고 말하며 그들이 기억하고 있던 우화와 실화들을 곁들여 자신들이 알게 된 것들이 무엇인지 들려줬다.

시간은 너무나 빨리 흘러가버리고, 깨달음은 한 발짝 늦게 올 때가 많다. 그래서 젊은 시절엔 불안과 불만에 찬 나날을 보낼 때가 많고, 나이 들어서는 그런 삶에 대해 후회한다. 이 책에는 인생의 가시밭길

을 우리보다 먼저 걸었거나 실망과 좌절의 시간을 겪으면서 한 뼘 성
장해나간 사람들의 생생한 경험담이 담겨 있다. 인생의 모든 길을 직
접 걷고 있는 혹은 걸어본 사람들의 경험과 조언이야말로 우리가 놓
치면 안 되는 소중한 자원이다.

　오래전 하버드를 졸업한 여러분의 인생 선배가 들려준 조언이 아직
도 기억에 남는다.

　"고통과 좌절에 빠져드는 데에는 시간이 걸리지 않습니다. 순식간
에 절벽으로 떨어지는 느낌이죠. 그러나 거기에서 벗어나는 데에는
인내가 필요합니다. 좋은 것일수록 그것을 얻으려면 오랜 시간이 필
요하다는 얘기입니다. 그때는 몰랐지만 지금에서야 깨닫게 된 삶의
이치입니다."

　이 책을 통해 자신의 마음을 두드리는 하나의 지혜라도 얻을 수만
있다면 엄청난 시간의 퇴적층에서 발견한 보석을 갖는 것이나 다름
없다고 확신한다.

자신감을 갖고 당신의 꿈을 좇으며
당신이 꿈꾸던 삶을 살아라. 자신의 삶을
단순하게 변화시킬 때 우주의 법칙도
더욱 단순하게 변화한다.

·

헨리 데이비드 소로, 하버드대학 졸업

3장 기회는 근면한 사람에게
더 오래 머무른다

4장 성공은 한 걸음에
도달할 수 없다

5장 과거는 결국 지금이 되고,
미래는 지금으로부터 시작된다

6장 성공은 실패를 경험한 다음에
천천히 찾아온다

7장 최고의 성취는 끊임없이
스스로를 개선하는 것이다

1장

자기 내면의
진실한 목소리를
들어라

자신의 생각을 믿어라. 자신의 내면 깊은
곳에서 생각하는 것이 정확하다고, 그리
고 다른 사람들도 정확하다고 믿어라. 그
런 사람이 천재다.

야심은 행동을 추진하는
원동력이다

'야심'은 행동하도록 만드는 힘이다. 우리는 야심을 통해 더 많은 자원을 획득할 힘을 가지게 됐다.

많은 사람들이 하버드 학생들의 학습 방식과 성공 경험을 모방하거나 연구한다. 그런데 그들은 모두 동일한 결론을 얻는다. 그것은 하버드 학생들은 모두 자기가 반드시 성공할 거라는 야심을 갖고 있다는 것이다.

하버드 학생들에게 야심이란 꿈이나 이상보다 훨씬 구체적인 목표다. 정치가나 군인이 되고 싶다는 것은 이상이며 대통령이나 군단장이 되겠다는 것은 야심이다. 향상심이나 진취적인 마음과 비교했을 때 야심은 더욱 원대하다. 책임자가 되고 싶다고 생각하는 것은 진취적인 마음이며 사장이 되고 싶다는 것은 야심이다.

위인들은 모두 '야심'을 갖고 있었다. 가난한 집에서 태어난 빌 클린턴은 열일곱의 나이에 당시 미국 대통령이던 케네디와 직접 대면한 적이 있다. 케네디 대통령이 아소칸 주 출신의 소년 클린턴의 두 손을 잡았을 때 그에게는 대통령이 되겠다는 야심이 생겼다. 그리고 20년 뒤 그의 야심은 현실로 이뤄졌다.

하버드를 졸업한 미국의 대통령들 중 가장 위대한 대통령은 루스벨트라 할 수 있다. 그는 소아마비를 앓았으며 장애인이었다. 그러나 그는 다른 사람보다 몇 배나 노력한 끝에 폭넓은 지지를 획득했고 결국 미국 역사상 유일하게 네 차례 연임에 성공한 대통령이 됐다. 그는 어렸을 때 품은 야심을 네 번이나 이룬 것이다.

꿈이 있다면 야심도 생겨나기 마련이다. 위대한 사람들은 야심의 격려로 위대한 업적을 이뤄냈다. 야심이 얼마나 중요한지 보여주는 일화가 있다.

미국 어느 가난한 가정에 아이들이 있었다. 아이들은 지금까지 한 번도 자기가 자라온 마을을 떠나본 적이 없었다. 그러나 그들은 위대한 꿈을 갖고 있었다. 그것은 바로 세계일주였다.

정부의 구제기금에 의지해 살아가는 이 아이들은 신문에 기부금 광고를 실어 여행 경비를 마련할 계획을 세웠다. 그러나 1만 2,000달러의 광고비를 어디서 구할 것인가? 처음에 아이들은 막막하긴 했지만 자신들이 할 수 있는 허드렛일을 하며 경비를 마련했다. 그들은 세차, 신문배달, 꽃 판매 등으로 1센트씩 꿈을 실현할 돈을 모았다.

 아이들의 행동은 미디어를 통해 보도됐고 이에 감동을 받은 농구 스타 마이클 조던Michael Jordan은 산타클로스 명의로 아이들에게 1만 2,000달러짜리 수표를 보냈다. 그렇게 아이들이 심혈을 기울인 광고는 드디어 신문에 실리게 됐다. 그 결과 그들은 세계 각지에서 8,000여 통의 편지를 받았고, 호의에서 비롯된 기부도 끊이지 않았다. 게다가 대통령이 직접 편지를 보내와 아이들을 백악관에 초청하고 싶다는 뜻을 밝혀 작은 마을 전체가 떠들썩해졌다.

 이 이야기는 꿈과 야심에 대한 실화다. 야심이 없는 보통 사람이라면 평온하고 평범한 삶을 살 수도 있을 테지만 자신의 높은 꿈을 이뤘을 때 느끼는 행복감은 평생 맛보지 못할 것이다. 삶의 의미와 열정도 마찬가지다.

 캐나다판《타임스》에 다음과 같은 글이 실린 적이 있다. 미국 캘리포니아대학의 심리학자 딘 사이먼튼Dean Simonton의 연구에 의하면 '야심'은 사람의 행동을 추진하는 원동력이며 인류는 야심을 통해 더 많은 역량을 갖고 자원을 획득할 수 있다는 것이다.

 한 기관에서 하버드 졸업생의 상황을 조사하는 과정 중 한 가지 공통된 특징을 발견했다. 그것은 그들에게 '야심'과 '믿음'이 충만하다는 것이었다. "세계에서 가장 우수한 인재는 바로 우리다. 나는 세계 최고 회사의 CEO가 될 수 있다"와 같은 야심은 하버드 출신 모두에게서 볼 수 있다. 이러한 야심이 원동력이 되어 정치가, 과학자, 경제 분야의 엘리트가 하버드에서 연이어 배출되는 것이다.

ABC의 유명한 TV 평론가 조 모리스^{Joe Morris}는 하버드의 350주년 개교기념일에 참석해 다음과 같이 얘기했다.

"미국 대통령 6명, 노벨상 수상자 33명, 퓰리처상 수상자 32명, 수십 곳의 글로벌 회사 대표를 배출한 대학, 그 막대한 영향력은 의심할 바가 없다."

사람들은 모두 잠재력을 갖고 있다. 그 잠재력을 개발하는 데 관건이 되는 것은 대부분 내면의 강렬한 추구, 즉 '야심'의 자극에서 비롯된다. 비록 우리는 하버드에서 공부할 기회가 없다고 해도 하버드 졸업생들처럼 반드시 성공할 수 있다는 야심을 가질 수 있다. 야심가는 일반 사람들보다 강한 투지와 인내력을 갖고 있다.

하버드 사람들이 존경하는 미국의 대부호 록펠러는 아들 존에게 보내는 편지에 "사실 나는 어렸을 때부터 부자가 되겠다는 큰 야심을 갖고 있었단다"라는 내용을 썼다. 또한 이노우에 아쓰오^{井上篤夫}가 쓴 『일본의 제일부자 손정의』라는 책에는 "포부를 수립한 후 만약 야심이 있다면 다른 사람이 뭐라고 하든지 인내하라. 인내 속에서 인격을 끊임없이 단련하면 사람들이 모두 부러워할 만한 사람이 될 수 있다"

라는 말이 나온다. 이는 손정의의 성공을 가장 잘 표현한 말이다.

야심과 끈기, 인내를 하나로 모아 착실하게 노력하는 사람이 어떻게 성공하지 않을 수 있겠는가? 야심은 우리를 움츠러드는 대신 용감하게 전진하도록 만든다. 사람은 야심을 가져야 비로소 잠재력을 발휘할 수 있고, 할 수 없는 것처럼 보이는 일도 실현하기 위해 노력한다.

꿈은 망상이 아니라
실행 가능한 계획이다

꿈은 한 줄기 횃불과도 같아서 잠재력을 불러일으키지만, 망상은 늪과 같아서 자칫 발을 잘못 디디면 갈수록 깊이 빠져든다. 하버드에는 학생들을 격려하는 다음과 같은 얘기가 전해지고 있다.

슈와브는 미국의 한 시골마을에서 태어났다. 집이 너무 가난해서 그는 학교 교육을 제대로 받아보지도 못했다. 어렸을 때 그는 밭을 가꾸며 마부로 일했다. 그러나 그에게는 남보다 뛰어난 사람이 되겠다는 큰 꿈이 있었기에 늘 기회를 찾았다.

슈와브는 열여덟 살 나이에 철강왕 카네기 수하의 한 건축 공사장에서 일하게 됐다. 취업하게 되어 매우 기뻤던 그는 공사장에 들어갈 때마다 반드시 가장 우수한 노동자가 되겠다고 다짐했다. 다른 노동자들이 일이 힘들고 월급이 적다고 불평하는 것과 달리 그는 항상 묵묵히 일하면서 일에 대한 경험을 쌓았다. 그리고 좀 더 효과적인 업무 방법을 찾기 위해 독학으로 건축 지식도 배웠다.

어느 날 점심시간에 동료들이 다들 잡담을 하고 있을 때 슈와브는 혼자 구석에서 건축 지식을 공부하고 있었다. 마침 사장이 공사장에 업무 감찰을 하러 왔다가 그 모습을 봤다. 사장은 그의 곁에 다가가 그가 정리한 노트와 책을 한번 훑어보고는 아무 말도 하지 않은 채 자리를 떴다. 다음 날 사장은 슈와브를 사무실로 불러 물었다.

"자네는 왜 건축 지식을 공부하려고 하는 건가? 평소에 일이 그렇게 힘든가?"

슈와브는 진지하게 대답했다.

"저는 우리 회사에 노동자가 부족하다고 생각하지 않습니다. 부족한 것은 업무 경험이 있으면서 전문지식을 갖춘 기술자나 관리자입니다."

사장은 고개를 끄덕이면서 눈앞의 평범한 젊은이를 높이 평가하지 않을 수 없었다.

몇 개월 뒤 슈와브는 기술자로 승진했다. 함께 일했던 동료들이 모두 깜짝 놀라 그에게 어떻게 기술직에서 근무하게 됐는지 묻자 그는 이렇게 대답했다.

"저는 그저 시키는 대로 일만 하러 온 것도, 단순히 돈을 벌기 위해 일을 하는 것도 아니었습니다. 저는 꿈을 위해, 원대한 앞날을 위해 일했습니다. 저는 업무 능력을 끊임없이 향상시키고 싶었습니다. 그리고 일에 대한 가치감을 높이고 싶었고, 원래 받던 것보다 더 많은 급여를 받고 싶었습니다. 그게 바로 제가 원하는 인생입니다."

그는 스물다섯의 나이에 철강회사 총책임자 자리에 올랐다. 그리고 몇 년이 지나 카네기는 그를 철강회사의 이사장으로 임명했다.

훗날 그는 베들레헴 철강회사를 설립했고 뛰어난 업적을 쌓았다. 이로써 그는 노동자에서 창업자로 비약적인 발전을 이루었다.

"꿈은 우리를 날아오르게 한다"라는 철학자의 말이 있다. 물론 슈와브가 꿈에만 의지하여 성공한 것은 결코 아니었다. 그러나 꿈을 가졌기에 그는 끊임없이 노력할 수 있었다. 사람들은 대부분 꿈이 긍정적으로 사람을 성장시킨다는 사실을 알고 있다. 그러나 어떻게 하면 꿈을 현실로 변화시킬 수 있는지는 알지 못한다.

미국 자동차업계의 전설 헨리 포드가 한 청년을 높이 평가한 적이 있다. 그는 이 청년을 도와 꿈을 실현시켜주고 싶었다. 그러나 청년의 꿈을 듣고 포드는 깜짝 놀랐다. 그의 꿈은 1,000억 달러를 버는 것이었기 때문이다. 이는 당시 포드가 가진 재산의 열 배나 되는 금액이었다. 영문을 알 수 없던 포드는 도대체 왜 그렇게 많은 돈이 필요하냐고 물었다. 청년은 잠시 주저하더니 대답했다.

"사실은 저도 잘 모르겠습니다. 다만 그렇게 많은 돈이 있으면 스스로 성공을 이뤘다는 기분이 들 것 같습니다."

포드는 말했다.

"그런데 정말로 그렇게 많은 돈을 갖게 된다면 분명 수많은 사람들의 위협을 받을 걸세. 내 생각에 자네는 지금 그렇게 많은 돈은 생각하지 않는 게 좋겠네."

5년이 지나 어느 날 청년은 포드를 찾아가 대학을 설립하고 싶다고 말했다. 그는 10만 달러를 갖고 있었지만 아직 10만 달러가 부족한 상황이었다. 포드는 두말없이 그에게 10만 달러를 내주었다. 그들은 더 이상 과거에 1,000억 달러를 얘기했던 일은 언급하지 않았다.

8년 동안 끊임없이 노력한 끝에 청년은 드디어 성공했다. 그는 바로 일리노이대학의 창시자 벤 일리노이다.

천문학적인 숫자 1,000억 달러는 분명 닿을 수 없는 꿈이다. 벤 일리노이는 당시 망상에 머물러 있었다. 이러한 꿈은 우리를 더욱 막연하게 만들 뿐이다. 하버드의 한 교수는 다음과 같이 말했다.

"나는 우리가 꿈에 대해 '나는 현재 무엇을 갖고 있는가, 나는 어떻게 해야 내 삶을 긍정적으로 변화시킬 수 있을까?'라는 마음을 갖고 있어야 한다고 생각한다."

꿈을 실현하기 위해서는 착실하게 한 걸음씩 나아가는 것이 중요하다. 장기적인 목표를 실현하기로 결심한 사람은 그러한 발전이 끊임없는 노력과 성장에서 비롯된다는 사실을 잘 알고 있다. 집을 지을 때 벽돌 한 장, 기와 한 장씩 차근차근 쌓아올리는 것처럼, 운동경기의 최후 승리는 점수가 한 점씩 누적되어 이뤄지는 것처럼, 큰 성공은 작은 성공이 하나씩 쌓여 이뤄지는 것이다.

하버드는 학생들에게 아무리 위대한 꿈을 갖고 있어도 우선은 작은 일부터 시작하라고 얘기한다. 매일 목표를 향해 한 걸음씩 나아가면 기쁨과 열정, 자신감을 느낄 수 있다. 매일 노력하다 보면 이것이 쌓여 성공에 대한 강한 신념을 갖게 될 것이다. 하루하루의 발전은 당신에게서 두려움과 의심을 사라지게 만든다. 당신은 긍정적인 사고가 긍정적인 깨달음으로 전환된다는 사실을 발견할 수 있을 것이다. 그러면 당신이 앞으로 나아가는 발걸음을 가로막을 장애물은 사라질 것이다.

꿈은 망상이 아니라 실행 가능한 계획의 일종이다. 행동이 필요할 때 착실하게 이행하면 꿈은 반드시 현실이 될 것이다.

03

당신에겐 스스로
행복해질 힘이 있다

불행이 닥쳤을 때 우리는 긍정적인 마음으로 맞서야 한다. 이는 성공의 필수요소라 할 수 있다. 긍정적인 마음가짐은 잠재력을 최대로 발휘시키는 반면, 부정적인 마음가짐은 마치 인간의 사고가 거미줄에 걸려버리는 것과 같다. 하버드의 한 교수가 강의에서 다음과 같은 얘기를 했다.

거미가 큰 비 때문에 거미줄에서 떨어져버렸다. 그래서 거미는 열심히 벽을 기어올라 거미줄에 다시 올라가려 했다. 그러나 비 때문에 벽이 축축해서 어느 정도 올라가면 또 떨어지고 말았다. 거미는 열심히 기어올랐지만 계속해서 떨어졌다. 한 사람이 이를 보고 자신의 처지를 생각하며 중얼거렸다.

"내 인생도 이 거미 같군. 하루 종일 바쁘게 일하지만 아무것도 이룬 것이 없으니."

그러고는 풀이 죽었다.

두 번째 사람은 거미를 보고 웃으며 말했다.

"이 거미는 참 어리석군. 바로 옆에 젖지 않은 곳이 있으니 그곳으로 올라가면 될 것을. 나는 앞으로 어떤 일을 해도 저렇게 어리석은 짓은 하지 말아야지."

그리하여 그 사람은 점점 더 지혜로워졌다.

세 번째 사람은 거미를 보고 시련에 굴하지 않는 정신에 감동받아 강해지는 법을 배웠다.

똑같은 일이라도 사람마다 이를 대하는 방법은 각각 다르다. 사람이 양면성을 갖고 있는 것처럼 일을 대하는 방법도 우리가 그것을 살펴보는 각도와 선택에 좌우된다. 태양을 똑바로 마주하면 햇빛을 볼 수 있지만 태양을 등지면 자신의 그림자밖에 볼 수 없다.

불행이 지나간 후 성공을 향해 나아갈 것인가 아니면 실패의 나락으로 떨어질 것인가는 당신의 대응에 달려 있다. 성공하는 사람은 적극적이고 낙관적인 태도로, 실패하는 사람은 비관적이고 실망스러운 태도로 대응한다. 마음가짐은 개인의 선택이다. 성공하는 사람의 마음가짐은 어떤 어려운 일이라도 극복하게 만든다. 마음가짐이 긍정적으로 변화되면 성공은 쉽게 이룰 수 있다.

어느 겨울날 오후, 창밖에는 눈보라가 흩날리고 있었다. 한 소년이 창가로 올라가 바깥을 바라봤다. 거리에는 몇 명의 거지가 굶주림과 추위로 몸을 웅크리거나 길모퉁이에 서 있었다. 그들은 마치 다시는 일어나지 못할 것처럼 보였다. 이에 소년은 눈물을 흘리며 슬퍼했다. 소년의 할아버지는 이 광경을 보고 소년을 다른 쪽 창가로 데려가 집의 뒤뜰을 감상하게 했다. 각종 나무에 눈이 쌓여 순백의 세계가 펼쳐져 있었다. 실로 기분을 좋아지게 만드는 풍경이었다. 소년의 마음은 한순간에 나아졌다. 노인은 손자를 끌어안고 따스한 목소리로 말했다.

"애야, 너는 봐야 할 창문을 잘못 선택한 것이란다."

나폴레옹은 이렇게 말했다.

"사람과 사람 사이에는 본래 아주 작은 차이가 존재한다. 그러나 이러한 작은 차이가 훗날 큰 차이를 만든다. 여기서 말하는 작은 차이란 긍정적인 마음가짐을 갖고 있는가 아니면 부정적인 마음가짐을 갖고 있는가 하는 것이다. 이는 훗날 성공과 실패를 가르는 거대한 차이가 된다."

긍정적인 마음가짐을 가진 사람은 설령 불행이 닥쳐도 그의 눈에 희망이 가득하다. 그리고 진취적인 결심과 투지가 충만하다. 반면 부정적인 마음가짐을 가진 사람은 불행이 닥치면 더욱 의기소침하고 실망하면서 자신의 잠재력과 재능을 발휘할 여지조차 남기지 않는다. 긍정적인 마음가짐은 인생을 창조하고, 부정적인 마음가짐은 인생을 소모한다. 긍정적인 마음가짐을 갖고 불행을 극복하면 성공은 저절로 다가온다. 반면 부정적인 마음가짐은 실패의 길로 이끈다.

'청바지의 제왕' 리바이스의 성공에는 많은 우여곡절이 있었다. 그러나 그가 성공할 수 있었던 비결은 바로 고난과 고통이 자신을 곤경으로 몰아넣을 때 절대 불평하지 않고 "아주 좋아!"라고 스스로 말하는 것이었다고 한다. 이를 통해 그는 불행을 겪으면서도 자신에게 성장의 기회를 줄 수 있었다.

곤경에 처하더라도 마음에 희망을 품는다면 이는 위기를 극복할 원동력이 된다. 그러면 큰 도약을 이루고 성공의 기초를 다질 수 있다. 역사적으로도 수많은 위인들이 곤경 속에서 위기를 돌파했고 최후의 승리를 거머쥐었다. 그들은 낙관적인 마음가짐으로 용감하게 좌절에 맞섰다. 삶이 항상 순조로울 수는 없다. 분명 다양한 시험과 좌절을 겪게 된다. 그러나 막혔던 앞길이 반드시 열릴 것이라는 믿음을 가지면 좌절을 극복하고 성공을 쟁취할 수 있다.

보물도 잘못된 자리에 놓이면 쓸모없는 것이 된다

2007년 6월 6일 하버드의 졸업식 전날, 미국의 전 대통령 빌 클린턴은 하버드를 방문해 졸업을 앞둔 1,700명의 학생들에게 생동감 넘치는 연설을 했다. 클린턴은 인류의 전쟁과 테러 공격에 대한 담론을 펼쳤다. 실제로 발생한 전쟁과 테러 공격을 예로 들면서 그는 이러한 사건이 빈번하게 발생하는 원인에 대해 얘기했다.

"사람과 사람 사이의 차이는 인류의 공통점보다 중요하면서도 더 큰 영향력을 갖고 있다. 그러나 과학자들은 인류의 유전자 조직을 살펴본 후 30억 개의 유전자 조직 중 99.9퍼센트가 동일하다는 사실을 발견했다. 유일한 차이점은 바로 0.1퍼센트에 불과했다."

이어서 클린턴은 다음과 같이 얘기했다.

"이러한 0.1퍼센트의 차이가 여러분을 하버드에 합격하게 했고, 자신의 꿈을 실현하게 만들었다. 여기서 여러분이 맞닥뜨리게 되는 가장 큰 시험은 바로 이러한 것들을 모두 당연하게 생각하는 것이다. 또한 최악의 빈곤에서 발버둥치고 있는 사람들은 그렇게 사는 것이 당연하다고 생각한다. 자신이 처한 상황을 당연하게 여기는 것은 여러분의 인생의 길에 설치된 함정이니 절대 여기에 빠져서는 안 된다."

인간은 사회적 동물이다. 사회를 떠나 다른 사람들과 전혀 어울리지 않는 사람은 생존할 수 없다. 자신에게 속한 0.1퍼센트의 독특한 차이를 분명히 알고, 다른 사람들과 똑같은 99.9퍼센트를 파악하면 당신은 비로소 자기 인생의 가치를 제대로 실현할 수 있다.

자신을 정확하게 파악해야 비로소 인생의 길을 거침없이 그리고 합리적으로 걸어갈 수 있다. 또한 자기 자신을 깊이 이해해야 인생의 매 단계에서 자신에게 적합한 위치를 찾을 수 있다.

프랭클린은 "보물은 잘못된 자리에 놓이면 쓰레기나 다름없다"라고 말했다. 이 말의 또 다른 의미는 사람도 잘못된 자리에 있으면 바로 쓰레기가 된다는 것이다.

먼 옛날 신이 무 하나를 창조하고는 그 무에게 구덩이를 만들어줬다. 그 구멍에 의지해 작은 무는 큰 무로 성장했다. 신은 사람을 창조하고 사람에게도 하나의 위치를 부여했다. 사람은 정확한 위치에 서 있어야만 비로소 자신이 가진 능력을 발휘하고 성공을 거둘 수 있다. 모든 무가 자신의 구멍이를 잘 알고 있는데 사람들은 오히려 이것을 이해하지 못하고 잘못된 위치에 이르러 결국 성공과 멀어진다.

사람의 성공에는 그에 맞는 위치가 필요하다. 잘못된 위치에서는 성공할 수 있는 사람도 끊임없이 실패하고 결국에는 실망하며 낙담하게 된다. 자신에게 속한 위치를 찾는 것은 듣기 좋은 음악과도 같다. 맞는 음표를 찾아야 아름다운 음악을 연주할 수 있는 것이다. 이렇듯 모든 사람은 자신에게 적합한 위치를 찾아야 비로소 인생의 가치를 실현할 수 있다.

기차는 오로지 철로 위에서만 빠른 속도로 달릴 수 있다. 철로에서 벗어나면 앞으로 전혀 나아갈 수 없다. 마찬가지로 인생도 자신에게 적합한 궤도를 찾아야만 비로소 막힘없이 전진할 수 있고, 인생의 경주로에서 빠른 속도로 나아갈 수 있다.

프랑크푸르트에서 열린 음악회에 참가하는 두 소년이 화장실에서 만났다. 그 중 한 명이 모자를 쓴 다른 소년에게 휴지를 빌렸다. 휴지를 빌린 소년은 모자를 쓴 소년이 화장실에서 나오길 기다렸다가 감사인사를 했다. 그리하여 두 사람은 걸으며 얘기를 나누게 됐다.

모자를 쓴 소년이 말했다.

"요즘 집에서 나에게 억지로 피아노를 배우게 하고 있어. 그렇지만 아무리 노력해도 가족들의 기대를 만족시킬 수 없어서 마음이 너무 답답해!"

휴지를 빌린 소년은 그 말을 듣고 이해가 가지 않는다는 듯 말했다.

"피아노가 뭐가 그리 힘들다고? 나는 다섯 살 때부터 치기 시작했는데 지금은 갈수록 더 잘 치게 됐어. 오히려 우리 가족들은 항상 나에게 시를 쓰라고 해서 정말 귀찮아!"

모자를 쓴 소년은 그의 얘기를 듣고는 싱글벙글하더니 등에 맨 가방에서 원고지를 꺼내 휴지를 빌린 소년에게 건네주며 말했다.

"가족들이 시 쓰는 것을 좋아한다면 자, 여기 있어. 집에 가져가서 이걸 보여줘 봐."

훗날 피아노를 싫어하던 소년은 대시인 괴테가 됐고, 시를 쓰기 싫어하던 소년은 모차르트가 됐다.

괴테와 모차르트가 모두 성공을 거둘 수 있었던 것은 그들이 결국 자신의 위치를 찾았기 때문이다. 이들은 자신의 역할을 조정해 자신의 강점을 살릴 수 있는 영역에서 사회적으로 활동할 수 있었다.

'나사못'을 만드는 데 특출한 재능을 갖고 있던 사람이 '로봇'에 관심이 생겨 자기 일을 그만두고 '로봇' 만드는 일을 하러 갔다. 그러나 나중에 이 사람은 자신이 결코 로봇 만드는 일에 재능이 없다는 사실을 깨닫게 됐다. '나사못'과 '로봇'의 가치는 다르며 각각 자신만의 특징을 갖고 있다. 그 일에 맞는 사람이 그 일을 해야만 비로소 가장 잘

해낼 수 있다. 사람은 모두 다르다. 자신이 잘할 수 있는 일을 해야
한다.

땅에 밀을 심었는데 잘 자라지 않는다면 콩을 심어보는 것은 어떨
까? 콩이 안 된다면 과일을 심으면 된다. 과일도 잘 자라지 않는다면
메밀 씨앗을 뿌려보면 발아할지도 모른다. 땅에는 그에 맞는 씨앗이
있기 때문에 맞는 씨앗을 뿌리면 풍작을 거둘 수 있다. 이는 물고기
가 푸른 하늘에 환상을 품을 수 없고, 하늘을 나는 새가 바다에 미련
을 둘 수 없는 것과 같다. 진정으로 자신을 똑똑히 보아야만 인생의
길을 찾을 수 있고 훨씬 더 멀리 나아갈 수 있다.

아무도 가지 않은
길로 가라

오늘날 우리가 마음 놓고 게를 먹을 수 있는 것은 처음으로 게를 맛본 사람이 있었기 때문이다. 그 사람이 아니었으면 이렇게 맛있는 음식이 인류의 식탁에 오르지 못했을지도 모르니 우리는 그에게 감사해야 할 것이다. 대문호 루쉰은 "제일 처음으로 게를 먹은 사람은 정말 대단하다. 용사가 아니고서야 그 누가 감히 그것을 먹어볼 생각을 했을까?"라고 말했다. 처음으로 게라는 생물을 보고 사람들은 공포와 호기심을 느꼈을 것이다. 그러나 사람들은 대부분 공포 때문에 작은 호기심을 묻어둔다. 결국 맛있는 음식을 즐길 기회를 놓치고 처음으로 게를 먹은 사람이 될 수 없게 된다. 반면 처음으로 게를 먹은 사람은 분명 남이 하지 않은 일을 용감하게 시도하는 정신을 가진 사람이었을 것이다. 다른 사람처럼 두려움을 느끼지 않았기 때문에 진미를 맛볼 수 있었던 것이다.

남이 하지 않은 일을 용감하게 해내는 사람은 분명 다른 사람이 이루지 못한 성공을 얻고 의외의 기쁨을 얻는다. 인생에서 낯선 국면과 전환기를 맞이했을 때 당신은 시도하기를 원하는가? 루쉰의 말처럼 게를 처음 먹은 사람이 돼보는 것은 어떨까?

많은 사람들이 하버드를 떠올릴 때 연상되는 인물로 세계 최고의 갑부 빌 게이츠를 꼽는다. 2007년 6월 7일, 빌 게이츠는 하버드 졸업식에서 명예법학박사 학위를 받았다. 그는 1973년에 하버드에 입학했으나 2년 뒤 학업을 그만두고 어린 시절 친구인 폴 앨런과 함께 마이크로소프트를 창립했다. 그리고 퍼스널 컴퓨터의 시대를 열었다.

열세 살 무렵부터 프로그래밍을 시작한 빌 게이츠는 자신이 스물다섯 살에 백만장자가 될 것임을 예상했다. 그는 비즈니스의 귀재였으며 독특한 시각을 갖고 있어서 IT업계의 미래를 볼 수 있었다. 그리고 탁월한 경영관리로 끊임없이 마이크로소프트에 활력을 불어넣었다. 그의 성공은 하나의 신화로 여겨지고 있으며, 서른아홉의 나이에 이미 세계적인 갑부가 된 그는 13년간 《포브스》가 선정한 세계 부호 1위를 차지하고 있다. 사람들은 그의 천재적인 신화에 감탄한다. 그가 수석 프로그래머를 맡으면서 마이크로소프트는 퍼스널 컴퓨터와 비즈니스 컴퓨터에 소프트웨어를 제공하고 인터넷 기술을 이끌어가는 세계적인 리더가 됐다.

많은 사람들은 빌 게이츠의 성공이 그의 천재적인 두뇌 덕분이라고 생각할 것이다. 학교를 그만둔 점으로 미뤄볼 때 그가 설령 하버드에 가지 않았더라도 오늘날 같은 성공을 거뒀을 것이라고 생각한다. 과연 정말 그럴까?

빌 게이츠는 하버드 졸업식에서 이렇게 연설했다.

"저는 하버드에서 많은 것을 배웠습니다. 경제와 정치 방면의 지식과 가치관을 포함해서 말이지요. 그러나 제가 가장 깊이 체득한 것은 바로 과학의 발전이었습니다."

그는 또한 자신의 독특한 개성이 하버드의 교학 방식에서 비롯되었음을 강조했다. 그렇기 때문에 젊었을 때 학교를 그만두고 창업을 할 수 있었던 것이다. 젊은 시절의 빌 게이츠를 통해 우리는 재능과 식견 외에도 과감한 행동과 책임감을 볼 수 있다. 또한 두려움을 모르고 다른 사람이 하지 않은 일을 용감하게 시도하는 정신도 엿볼 수 있다.

갖은 고생 끝에 지금껏 꿈꿔온 세계 최고의 학부에 들어갔는데 이를 포기하고 자신의 진로를 모색하는 일을 과연 누가 감히 할 수 있을까? 어쩌면 얻는 것보다 잃는 것이 더 많을 수도 있었다. 그러나 빌 게이츠의 용감한 선택은 자신의 인생을 더욱 빛나게 만들었다.

빌 게이츠 같은 사람이 한 명만 있는 건 아니었다. 한 젊은이가 빌 게이츠의 족적을 따라 하버드를 그만두고 창업을 선택했고 억만장자의 꿈을 이뤘다. 그는 바로 소셜네트워크서비스 페이스북의 창시자 마크 저커버그다.

마크 저커버그는 어렸을 때부터 컴퓨터에 천부적인 재능을 드러냈다. 그는 여섯 살에 프로그래밍을 완성했고 대학교 2학년 때 하버드대학 데이터베이스에 침입했다. '해킹 사건'이 일어난 지 얼마 지나지 않아 그는 친구 두 명과 함께 일주일 내내 사이트를 편집하며 학교 학생들이 교류할 수 있는 페이스북을 만들었다. 2004년 2월, 페이스북이 공개되자 하버드 사람들은 열광적인 반응을 보였고 그해 연말 등록자가 100만 명을 돌파했다. 마크 저커버그는 학교를 그만두고 페이스북 경영에 전념하기 시작했다.

마크 저커버그가 하버드를 그만둔 이유는 빌 게이츠와 비슷하다. 프로그래밍에 정통했던 두 사람은 창업의 기회가 다가왔을 때 학교를 그만두는 것을 선택했다. 그들은 고지식하게 대학을 마치고 졸업해서 일자리를 찾는 사람들과는 확연히 달랐다.

하버드에서도 수많은 학생들이 성공으로 가는 길을 열심히 찾고 있다. 사실 이 세상에 정해진 성공 공식이란 존재하지 않는다. 성공으로 향하는 수천만 가지 길이 있고 그 길은 서로 현저히 다르다. 따라서 빌 게이츠나 마크 저커버그처럼 자신에게 적합한 길을 찾기만 하면 이상적인 성공을 향해 나아갈 수 있다.

우리는 성공한 행운아들에게서 항상 남다른 기운이 뿜어 나오는 것을 볼 수 있다. 단기간에 성공을 얻기 위해서는 새로운 길로 나아가는 일종의 개척정신이 필요하다. 무슨 일을 하든지 낡은 틀에 매달리거나 답습해서는 안 된다. 이는 오로지 실패를 불러올 뿐이다. 다른 사람이 부러워할 만한 자산을 소유하고 싶다면 독특한 시야와 예리한 통찰력으로 다른 사람이 가지 않은 길을 가고 다른 사람이 하지 않은 일을 해야 한다. 그래야만 비로소 성공의 길을 밟을 수 있다. 신은 언제나 가장 달콤한 과일을 남다른 사람을 위해 남겨둔다는 사실을 기억하라.

인생은 흘러가는 것이 아니라 채워지는 것이다

"흐르는 시간은 과연 어디로 가버리는 것일까?"

이 노랫말은 시간이 흘러가는 것에 대한 사람들의 한탄과 생각을 불러일으킨다. 사람들은 시간이 너무 없다고, 일을 끝내지도 못했는데 시간만 지나가버렸다고 생각한다. 그러나 사실 시간은 늘어나거나 줄어들지 않는다. 당신이 바쁘든 한가하든 시간은 서두르지도 않고 여유를 부리지도 않으며 그저 우리 곁을 지나간다. 그러므로 우리는 한번 흘러가면 다시 돌아오지 않는 시간을 소중히 해야 한다. 시간을 소중히 하는 것은 일종의 미덕이다. 시간을 주도면밀하게 관리하고 소중히 여기는 사람은 항상 다른 사람을 뛰어넘는다. 세상 만물은 각자 시간에 대한 개념과 계획을 갖고 있다. 고등동물인 우리는 더욱 시간을 잘 관리해야 한다. 이것이 모든 성공의 전제 조건이다.

하버드 사람들이 가장 중요하게 생각하는 것은 바로 시간이다. 그들은 시간을 인간이 가진 첫 번째 자원으로 생각한다.

전화기를 발명한 벨의 얘기는 우리에게 다음과 같은 가르침을 전해준다.

1847년 영국에서 태어난 벨은 어렸을 때부터 신기한 사물에 관심이 많았고 작은 실험을 해보는 것을 좋아했다. 이로 인해 집 안에 있는 많은 물건이 망가졌다. 어머니는 그에게 주의를 주기는 했지만 결국에는 포기하고 그냥 내버려뒀다.

1873년에 벨은 전화에 대한 연구를 시작했다. 그는 사람들이 전화를 이용해 장거리에서도 목소리만으로 소통할 수 있는 방법을 구상했다. 그는 당시 미국 보스턴대 교수로 재직하면서 동일한 선으로 수많은 전보를 전송할 수 있는 전보 장치인 다기능 전보 연구에 착수했다. 자신의 구상을 가능한 빨리 실현하기 위해 벨은 모든 시간을 연구에 쏟아부었다. 참고로 할 만한 전례가 없었기 때문에 연구는 진행 속도가 느리고 고생스러웠다. 그가 추측하는 답을 얻기 위해서는 때로 수백 번의 실험을 거쳐야 했다.

벨은 시간을 충분히 이용했다. 그의 조수 토머스 왓슨은 종종 한밤

중에 불려나가곤 했다. 그리고 벨은 왓슨에게 자신의 새로운 생각과 의견을 들려줬다. 보스턴대 교수들 중에 잠을 가장 적게 자는 사람은 바로 벨이었고, 휴식시간이 가장 적은 사람 또한 벨이었다. 자신의 발명 작업을 위해 그는 학교의 각종 활동에 전혀 참여하지 않았다. 그는 항상 급히 식사를 하고, 강의를 하며 길을 걸어갈 때도 작은 꾸러미를 들고 있었다.

연구의 성과를 빨리 얻기 위해 벨은 밤낮없이 작업을 했다. 왓슨 이외에 다른 조수들은 그를 따라가지 못했다. 모두들 벨의 '가혹한 시간관념'이 자신의 정상적인 생활에 영향을 줄까 두려워했다. 벨과 조수 왓슨은 이른 아침에 연구실에 들어갔다가 밤하늘에 별이 떠야 나오는 경우가 흔했다.

어느 날 벨은 왓슨과 함께 탁자에 앉아 야식을 먹다가 그를 바라보며 자상하게 말했다.

"어쩌면 내가 자네에게 요구하는 것 때문에 자네는 나를 나쁜 놈으로 생각할지도 모르겠군. 그렇지만 인생은 정말 짧다는 사실을 알아두게. 자네는 반드시 시간을 소중히 여기고 절약하는 방법을 알아야 하네."

왓슨은 벨의 말을 듣고 이해한 듯 고개를 끄덕였다.

시간은 벨처럼 근면한 사람을 저버리지 않았다. 1875년 6월의 어느 날, 벨은 왓슨과 함께 각각 다른 방에서 다기능 전보기를 연구하고 있었다. 그런데 우연한 사건이 발생했다. 방 안의 전보기에 달린 용수철이 흔들리기 시작한 것이다. 벨은 깜짝 놀랐다. 사실 이는 전류가 한쪽 방에서 다른 한쪽 방으로 전달되면서 진동하게 된 것이었는데 진동과 함께 소리도 발생했다. 이러한 발견은 벨에게 큰 깨달음을 줬다. 그는 왓슨이 있는 방으로 가 그곳에 있는 전보기의 용수철을 자석에 붙인 다음 왓슨에게 용수철을 당기게 했고, 용수철에는 진동이 발생했다. 벨에게 한 줄기의 서광이 비치는 순간이었다. 그는 성공이 멀지 않았음을 직감했다. 최후의 실험을 완성하기 위해 벨은 아예 실험실에서 숙식을 해결하며 실험을 통해 자신의 생각을 반복적으로 검증했다.

1876년 3월 7일, 조수 왓슨은 돌연 전선에서 벨의 목소리를 들었다. 그가 서둘러 가보니 벨의 손에 황산이 튀어 있었다. 벨의 손에 묻은 황산을 처리한 후 그는 벨에게 "저는 전선을 통해 교수님의 목소리를 들었습니다"라고 말했다.

이렇게 전화가 탄생했다. 벨의 노력은 성공을 거뒀고, 사람들이 세계 어느 곳에서든지 소통을 할 수 있게 만들고 싶다는 그의 바람은 결국 현실로 이뤄졌다. 시간과의 경주를 벌였던 벨은 스물아홉 살에 전화를 발명해 인류 문명의 발전을 가속화했다.

"시간은 공평하게 매일 24시간이 주어진다. 차이는 시간을 소중히 하느냐에 달려 있다."

인생은 하나의 시계판과 마찬가지다. '똑딱' 하고 시계침이 움직일 때마다 시간은 우리에게 다음 시간이 다가왔음을 알려준다. 이렇게 계속되는 '똑딱' 소리 안에서 우리 삶은 눈부시게 꽃을 피운다.

많은 사람들이 자신에게는 시간이 부족하다고, 심지어 성공할 시간조차 없다고 얘기한다. 그러나 루쉰은 "시간은 스펀지에 머금은 물과도 같아서 쥐어짜는 만큼 흘러나온다"라고 얘기했다. 사람은 저마다 시간을 대하는 태도가 다르고, 이에 따라 천차만별의 결과를 얻는다. 시간은 그것을 소중히 하는 사람의 인생을 찬란하고 다채롭게 만들어준다. 반면 시간을 하찮게 여기며 낭비하는 사람은 갈수록 난처한 상황에 빠진다.

성공하는 사람들은 시간을 소중히 여긴다. 그들은 일분일초를 절대 헛되이 보내지 않는다. 우리는 다른 사람의 성공을 부러워하며 숨겨진 노력을 소홀히 하지 말고 시간을 소중히 사용해야 한다.

타인의 발걸음을 따르지 말고 앞서 나가라

다른 사람이 당신의 행동에 의문을 품거나 심지어 반대할 때, 당신은 자기 의견을 고수해야만 더 큰 발전을 이룰 수 있다.

리처드 호세Richard Jose라는 사람은 비록 하버드에서 주목을 받지는 못했지만 그의 업적은 많은 사람에게 알려져 있다. 리처드는 하버드대학을 졸업한 후 모두가 의아하게 생각할 만한 일을 했다. 그는 대기업의 임원이나 프로젝트를 연구하는 전문가가 되는 대신 우수한 페인트공의 길을 선택했다.

그의 부친은 멕시코에서 미국으로 밀입국한 사람이었다. 대사면을 통해 그는 영주권을 얻었고 미국 시민이 됐다. 그는 뛰어난 페인트칠 기술을 갖고 있어서 로스앤젤레스에 정착할 수 있었다. 어려서부터 철이 들었던 리처드는 시간이 나면 아버지를 도와 페인트칠을 했다. 몇 년이 지나 그의 페인트칠 기술은 크게 향상됐다. 끊임없이 솟아나는 그의 창의력은 아버지도 놀랄 정도였다.

리처드의 학업 성적은 항상 전교에서 3등 안에 들었고 사회봉사 기록도 전교에서 가장 뛰어났다. 게다가 전미 중학생 미술전에서 유화로 동상을 받았다. 이에 그는 쉽게 하버드에 들어갈 수 있었다. 하버드에서 공부하던 시절에도 그의 성적은 여전히 뛰어났다. 그러나 그는 집에 보내는 편지에 일요일에 페인트칠을 하지 못하는 것이 너무나도 견디기 힘들다고 썼다. 그러면서 집에 돌아가 페인트칠을 하고 싶으니 얼른 방학이 됐으면 좋겠다고 할 정도였다. 4년은 눈 깜짝할 새에 지나갔고 졸업할 때도 그의 성적은 매우 우수했다. 그러나 그는 대학원 진학 제안을 단호하게 거절하고 로스앤젤레스에서 괜찮은 일자리를 찾았다.

6개월 동안 일을 하면서 리처드는 뛰어난 능력을 드러냈다. 그러나 마음속으로는 여전히 페인트칠을 생각하고 있었다. 한번은 리처드의 우수한 업무 처리 능력을 높이 평가한 사장이 그와 함께 회사에 대한 의견을 나누고자 했다. 이때 리처드는 회사에 필요한 조립부품의 페인트칠을 외주로 맡기는 것은 원가도 많이 들고 품질도 보장할 수 없다고 얘기했다. 만약 회사에 페인트칠을 전문으로 담당하는 부서를 설립하면 문제는 완전히 해결될 것이라고 말이다. 그러자 사장은 웃으며 "그게 말처럼 쉽겠나? 설비 구입이야 그렇다 쳐도 우수한 페인트 기술자를 초빙하기는 어렵겠지"라고 얘기했다. 이에 리처드는 "괜한 걱정이십니다. 사장님 앞에 한 사람 있지 않습니까?"라고 말했다. 리처드는 자신의 경험과 비전을 사장에게 전부 얘기했다. 사장은 젊은이들을 모집해 직접 그들을 전문가로 양성시킬 준비를 하라고 지시했다. 또한 페인트칠 전문 부서를 설립하여 리처드를 그 부서의 책임자 겸 기술자로 앉혔다.

리처드는 매우 기뻐하며 집으로 돌아가 이 소식을 아버지에게 전했다. 자신의 아들이 페인트 전문 부서의 책임자를 맡게 됐다는 사실에 아버지는 화가 나서 아무 말 없이 자리를 떴다. 가족들도 끊임없이 리처드를 만류했지만 그는 자신의 생각을 굳건히 지켰다. 몇 년간의 노력 끝에 그가 맡은 페인트 전문 부서는 두각을 드러내기 시작했다. 심지어 백악관에서도 몇 가지 용품의 가공을 그의 부서에 맡길 정도였다.

사람들은 어떤 일을 시작할 때 성과를 이룰 수 있는 다양한 방법을 설계한다. 그러나 얼마 지나지 않아 현실의 압박을 마주하고 자신만의 생각을 포기한다. 그의 이상은 기억 속에서 사라지게 된다.

사람은 항해하는 배와 같다. 인생이라는 바다에서 누군가는 방향키를 잃어버린 배처럼 여기저기 떠돌며 언젠가 변화한 항구에 다다르기를 꿈꾼다. 그러나 이는 현실성이 없다. 거친 파도가 닥쳤을 때 그들은 속수무책으로 물결치는 대로 표류한다. 그나마 행운이 따르는 사람이라면 바람을 피할 수 있는 항구를 찾을 수 있을지도 모르지만 불행한 사람은 암초를 만난다. 반면 성공하는 사람은 시간을 들여 목표와 항로를 연구한다. 그들은 자신이 가야 할 길을 끝까지 고수하며 계획에 따라 항해하고, 결국 자기 영혼의 조타수가 된다.

유타 주 솔트레이크시티에 사는 한 젊은이가 모두가 의아해하는 행동을 저질렀다. 그는 원래 성실하고 노력하는 사람이었고 근검절약하는 생활태도로 사람들의 칭찬을 받아왔다.

도대체 그는 무슨 일을 저지른 것일까? 그는 저축해놓은 돈을 몽땅 털어 새 자동차를 구입했다. 그리고는 새 차를 몰고 집으로 돌아와 차고에서 자동차를 분해하기 시작했다. 이윽고 차 한 대 분량의 부품들이 차고 여기저기에 널려 있는 상태가 됐다. 그는 모든 부품을 자세히 관찰한 다음 다시 조립하기 시작했다. 그리고 이러한 과정을 몇 번이나 반복했다. 사람들은 혹시 그가 정신이 나간 것은 아닌지 의심했다.

그러나 몇 년 뒤 사람들은 젊은이의 행동에 놀라지 않을 수 없었다. 젊은이는 독창적인 생각으로 자동차를 만들기 시작했다. 그가 만든 제품은 창의적인 디자인으로 자동차 분야 전체를 선도하게 됐다. 반복해서 차를 분해하고 조립하던 젊은이의 이름은 바로 월터 크라이슬러Walter Chrysler다.

자신만의 신념을 가진 사람들은 성공을 향해 나아가는 과정에서 항상 이런저런 말을 듣는다. 그러나 그들은 자신의 신념을 시종일관 굳게 유지한다. 다른 사람이 당신의 행동이나 의견에 의문을 품을 때 자신만의 신념을 굳게 지킨다면 더욱 큰 성취를 이룰 수 있다.

다른 사람의 의견을 과도하게 신경 쓰지 마라. 곰곰이 생각해보면 당신은 거의 모든 위인들의 성공이 위대한 생각에서 비롯되었음을, 그리고 성공한 사람들은 모두 다른 사람들로부터 의심의 눈초리와 방해를 받았음을 발견할 수 있을 것이다. 그럼에도 그들은 의연하게 자기 내면의 진실한 목소리를 들었다. 다른 사람들의 눈에는 '미친 짓'으로 보이는 그들의 행동은 맹목적인 것이 아니었다. 그들의 내면에는 가장 직접적인 목적과 정확한 방법이 존재했다.

성공했던 많은 사람들이 우리에게 말한다. 다른 사람의 의견은 대부분 정확한 것이 아니라고, 자기 자신을 믿고 꿋꿋하게 걸어 나가야 반드시 성공할 수 있다고 말이다.

2장

U

용감한 자는
나아가고
나약한 자는
물러난다

인생의 비극은 우리가 너무 일찍 늙고
너무 늦게 현명해진다는 것이다.

빠져민 프랭클린, 하버드대학 명예박사

08

계단을 밟아야
계단 위에 올라설 수 있다

삶을 세차게 흐르는 강에 비유한다면 우리는 바다로 흘러가는 과정에서 필연적으로 둑이나 침적물과 조우하게 된다. 또한 각양각색의 장애와 곤경을 마주하게 된다. 많은 사람들이 이를 삶이라는 강의 흐름을 막는 암초로 여긴다. 그러나 이를 용감하게 마주할 때 우리는 지금껏 경험한 상처와 고통이 삶이라는 강을 더욱 넓고 멀리 흘러가게 해준다는 사실을 발견하게 된다.

지혜로운 사람은 인생의 고통을 행운으로 생각한다. 고통이 없으면 즐거움도 없다. 즐거움과 고통은 쌍둥이이자 형제이기 때문에 고통을 피하면 즐거움의 달콤한 맛을 느낄 수 없게 된다. 고통 없이는 우리의 삶은 빛을 잃고 진정한 인생의 의미를 깨달을 수 없다. 고통을 겪을 때 삶은 더 이상 단순하고 무미건조하지 않다. 원래는 평범했던 삶이 고통으로 인해 더욱 음미할 가치가 있는 것으로 변화한다.

어느 해, 하버드를 졸업한 지 몇 년이 지난 레이튼은 대학시절 스승인 찰스 교수를 방문했다. 찰스 교수는 레이튼의 어두운 표정을 보며 그가 고민하는 일이 있음을 짐작했다. 찰스 교수는 말했다.

"경험은 일종의 재산이고 이는 고통도 마찬가지라네. 재난이나 고통은 우리 인생을 더욱 멋지게 만들어주지. 이는 사람에게 절대 없어서는 안 될 존재야. 고통은 피할 수 없지만 고통이 지나가고 나면 더욱 아름다운 행복이 나타난다네. 대신 우리는 반드시 용감하게 고통과 고난을 마주해야 한다네."

삶 속의 재난, 불행, 좌절, 실망은 분명 우리에게 견딜 수 없는 고통을 준다. 그러나 고통이 우리에게 가져다주는 것은 고통 자체만이 아니다. 만약 고통을 겪지 않는다면 우리는 어떻게 행복의 진정한 맛을 음미할 수 있겠는가?

찰스 교수는 레이튼에게 자신이 몇 번이나 수업에서 언급했던 얘기를 들려줬다.

미국의 유명한 흑인 카메라맨 케니는 태어났을 때부터 하반신이 없었다. 그의 가족들은 이러한 사실을 받아들이기 힘들었지만 그를 자상하게 보살펴줬다. 철이 든 케니는 점차 가족들의 고생을 알게 됐고 자신이 스스로 할 수 있는 건 시도해봐서 더 이상 가족들이 자기 일로 마음 쓰게 하지 말아야겠다고 결심했다. 또한 오랫동안 고생한 부모님을 돕고 싶었던 그는 자립 계획을 세웠다.

케니는 어떻게 하면 양팔로 집 안을 걸어 다닐 수 있는지 생각했다. 그는 팔의 힘으로 몸을 지탱했지만 손의 힘에는 아무래도 한계가 있었기 때문에 때로는 얼마 버티지 못하고 바닥에 넘어져 한참동안 일어나지 못할 때도 있었다. 이렇게 두 달 동안이나 시도해봤지만 결과는 좋지 않았다. 케니는 포기하지 않고 또 다른 방법을 생각해냈다. 그것은 집 안의 계단이나 나무로 된 벽에 일정한 간격으로 손잡이를 박아 자신의 몸을 지탱할 수 있게 만든 것이었다. 그는 이렇게 매일 집안을 열 바퀴씩 돌며 걷는 법을 단련했다.

비록 집 안의 계단은 20계단 정도로 높은 편은 아니었지만 두세 계단 오르면 격렬한 통증 때문에 온몸에 땀이 흘렀다. 그러나 그는 결코 포기하지 않았고, 잠깐 쉰 다음 계속해서 남은 계단을 다 올라갔다. 이렇게 장기간의 훈련을 거친 후 그는 드디어 자유롭게 계단을 오르내릴 수 있게 됐다. 그 후로도 그는 스스로 자신을 살피고 가족을 도와 간단한 요리를 만들기도 하고 집안일을 돕기도 했다. 그는 세차하는 법, 잔디 깎는 법, 쓰레기 버리는 법 등을 배웠다. 훗날 그는 사진 찍는 일에 점점 매료됐다. 그는 먼 지역에 가서 찍어온 풍경을 친구들이나 가족과 함께 감상하고 싶었다. 남다른 각도와 연출로 그가 촬영한 작품은 종종 상을 받았고 그로 인해 진정으로 아름다운 삶을 누릴 수 있었다.

그는 주변 사람들에게 이렇게 말하곤 했다.

"비록 신이 나에게 두 다리를 달아주는 것을 잊기는 했지만 나는 절대 살아가려는 노력을 포기하지 않았다. 그리고 나는 이러한 것이 내 인생의 자산이라고 생각한다. 나는 설령 불공평한 대우를 받는 사람이라도 역경을 이겨낼 수 있고 성공을 거머쥘 수 있을 것이라고 깊게 믿는다. 나도 할 수 있으니 당신도 반드시 할 수 있다!"

누구나 고통을 겪지만 저마다 고통을 마주하는 태도가 다르므로 다른 결과가 생겨난다. 고통을 마주할 때 어떤 사람은 강인함으로 새로운 인생을 얻는다. 반면 어떤 사람은 한 번 넘어지면 다시 일어나지 못하고 자포자기하며 고통에 패하고 만다.

제자의 기분이 조금 호전된 것을 본 찰스 교수는 그에게 또 다른 얘기를 들려줬다.

빈곤한 가정에서 자라 일찍이 학업을 포기해야 했던 한 사람이 뉴욕에 살고 있었다. 생계를 위해 그는 싸구려 술집에서 피아노를 치고 노래를 하며 돈을 벌었다. 그러나 이러한 일 때문에 그는 점점 음악이 싫어지게 됐다. 그가 어렸을 때 아버지가 집을 나가고 어머니와 단 둘이 서로 의지하며 살았기 때문에 생활이 매우 궁핍했다.

돈이 없었던 그는 매일 밤 셀프 세탁소에서 자리를 깔고 잠을 잤다. 당시 그는 한 아름다운 여인을 사랑했고 달콤한 시간을 보냈다. 그러나 얼마 지나지 않아 그들은 헤어졌다. 이는 그에게 있어 큰 충격이었다. 세상이 어둡고 무정하다고 생각했으며, 삶의 희망을 전혀 찾을 수 없게 되자 그는 자살을 결심했다. 그러나 자살하기 전 길을 잘못 드는 바람에 우연히 들어가게 된 병원에서 의사 선생님과 대화를 나누게 됐다. 그는 의사의 조언 덕분에 인생관이 완전히 바뀌었고, 아무리 큰 절망이라도 자살의 이유가 되지는 못한다는 사실을 깨달았다. 우울증에 빠지거나 자살을 시도하는 행위는 나약한 사람이 저지르는 일이었다. 그는 마음에 부끄러울 것이 없을 정도로 열심히 노력만 한다면 설령 실패하더라도 살아가야 할 가치가 있다고 생각했다. 병원을 나오면서 그의 마음속 안개는 단번에 사라졌고 기분이 후련해졌다. 그는 강인하고 용기 있게 살아가기로 결정했다. 그리고 자신이 좋아하는 음악을 인생의 목표로 삼았다.

그 후로 몇 년 동안 그는 가수가 되고자 하는 꿈을 이루지 못한 채 좌절을 겪었다. 그러나 그는 포기하지 않고 계속해서 자신의 꿈을 굳게 지켰다. 그는 자신만의 독특한 창작 스타일을 고수했고, 1968년 비지스가 새로운 디스코의 시대를 열었을 때 〈스트레인저The Stranger〉라는 제목의 음반으로 돌연 두각을 드러냈다. 이 음반으로 만인의 주목을 받으며 그는 그해의 그래미 시상식에서 〈Just The Way You Are〉라는 곡으로 최우수 레코드상을 거머쥐는 영예를 누렸다. 이 사람은 바로 빌리 조엘Billy Joel이다.

만약 그때 빌리 조엘이 자살을 선택했다면 현대 음악계에는 슈퍼스타가 한 명 줄었을 것이다. "이 세상에 태어난 것은 반드시 그 쓸모가 있기 때문이다"라는 말처럼 가난하든 부자이든 반드시 쓸모가 있기 마련이다. 삶의 좌절은 마음의 지혜와 근성을 단련하는 데 큰 도움이 된다. 고난은 당신을 쓰러뜨릴 수 없다. 꿈에 대한 추구와 드높은 의지가 마음속에 충만하다면, 그리고 아름다운 미래에 대한 동경이 있다면 당신의 삶은 눈부신 빛을 발산하게 될 것이다. 또한 훗날 고통과 시련을 되돌아봤을 때 그것은 인생의 가장 소중한 자산이라는 사실을 발견하게 될 것이다.

인생이 나무라면 꿈은 나뭇가지에 불과하다. 행동이 있어야만 비로소 과실을 맺을 수 있다. 인생의 목표를 건물을 짓는 일에 비유한다면 설계도는 바로 우리의 계획이다. 그리고 행동은 건물을 짓기 위해 벽돌과 기와를 쌓는 일이다. 행동을 해야만 인생이라는 커다란 나무가 열매를 맺을 수 있으며, 땅 위에 우뚝 솟은 이상적인 건물을 지을 수 있다. 그리고 최종적으로 인생의 가치를 실현할 수 있다.

09

꿈은 어려운 현실도
이길 수 있다

누군가 말했다. 세상에서 가장 길면서도 가장 짧은 것은 바로 '시간'이라고. 시간이 길다는 것은 외부 세계가 어떻게 변화하든 멈추지 않는다는 것이고, 시간이 짧다는 것은 소리도 없이 유수처럼 빨리 사라진다는 것이다. 그러기에 옛날부터 지금까지 많은 사람이 시간의 흐름에 경탄하면서도 당황하는 것이다. 사람의 일생은 매우 짧을 뿐만 아니라 보잘 것 없다. 사람이 소유할 수 있는 것은 인생의 짧은 한순간에 불과하다.

실제 생활에서 많은 사람이 시간은 부족한데 할 일은 너무 많다고 불평한다. 그리고 인생의 좋은 시절은 이미 흘러가버렸다고 생각한다. 아직 꿈을 실현하지도 못했는데 시간이 이미 흘러가버렸다고 말이다. 때문에 어떤 일을 하기에는 너무 늦었다고 여기지만 그들은 자신의 생각이 틀렸다는 사실을 모르고 있다. 대부분의 경우 열심히 하기만 하면 너무 늦은 일이란 존재하지 않는다. 어떤 일을 하겠다고 결정했을 때 긍정적인 마음과 태도를 유지하면 설령 시간은 늦었다 해도 원하는 결과를 얻기에 결코 늦지 않는다.

애나 메리 로버트슨 모지스Anna Mary Robertson Moses는 미국 뉴욕 주의 농민 가정에서 태어났다. 그녀는 스물일곱 살에 농장의 고용 인부와 결혼하여 아이 열한 명을 낳아 길렀다. 오랜 기간 그녀는 아이들을 돌보는 데 대부분의 시간을 보냈고 명실상부한 가정주부로 살았다. 가족들을 돌보기 위해 그녀는 청춘을 희생해야 했다. 자신이 좋아하는 일은 뒷전이었다. 자신이 원하는 생활을 포기한 그녀는 수십 년 동안 거의 외출을 하지 않았다. 그저 묵묵히 청소와 세탁, 식사 준비를 하고 농사를 지을 뿐이었다.

40년이라는 세월이 흘러 그녀는 67세의 할머니가 됐다. 그해 남편이 사고로 세상을 떠나자 어쩔 수 없이 그녀는 막내아들 가족과 함께 생활하게 됐다.

남편의 죽음으로 경제적 지원이 끊긴 모지스를 며느리는 눈엣가시로 여겼다. 그녀가 류머티즘으로 더 이상 일을 할 수 없게 되자 며느리의 구박은 더욱 심해졌다. 심지어 그녀를 쫓아내려고까지 했다. 며느리의 음산한 얼굴을 보면서 모지스는 자기 힘으로 생활해야겠다고 결심하고는 용감하게 붓을 들었다. 그녀는 줄곧 화가가 되고 싶다는 꿈을 갖고 있었는데 젊었을 때는 너무 가난해서, 중년이 돼서는 아이들과 집안일에 얽매여서 이루지 못했다. 일흔 살이 돼서야 그녀는 비로소 그림을 그리는 일에 몰두할 수 있었다.

그림 그릴 붓이 없어서 그녀는 페인트솔을 대체품으로 사용했다. 또 캔버스도 없어서 그녀는 현관과 주방의 바닥에 그림을 그렸고 들밭이나 산비탈에서 그림의 소재를 찾았다. 5년 동안 그녀는 계속해서 열심히 그림을 연습했고 드디어 첫 번째 작품 〈농장·가을〉을 완성했다. 이 작품이 세상에 알려지자 그녀는 주목을 받기 시작했다.

토머스 드랙시티아는 이 작품을 구매해 자기 상점의 상품 진열대 안에 전시해뒀다. '화가 모지스 할머니'의 명성은 뉴욕에 널리 퍼졌고 각종 매체들은 앞다투어 그녀의 작품을 게재했다. 얼마 지나지 않아 그녀의 작품은 프랑스에서도 유명해졌다. 루브르미술관은 100만 달러에 그녀의 작품을 구입했다. 모지스의 작품이 푸시킨미술관에 전시됐을 때 관람객은 무려 11만 명에 달했다.

어떠한 곤란이나 좌절을 만나도 포기하지 않으면 설령 죽을 날이 가까운 나이라도 결코 늦은 게 아니다. 하고 싶은 일을 마음에 품고 있어도 시간이 없다는 것을 핑계 삼아 행동으로 옮기지 않는다면 가장 좋은 시기를 놓치고 진짜 늦어버린다.

하버드의 한 교수는 다음과 같이 얘기했다.

"당신의 마음에 꿈이 있을 때 절대 망설이거나 기다리지 말라. 낙관적이고 열정적인 마음으로 당장 시작하는 사람만이 비로소 성공을 거둘 수 있다."

하버드대학은 "배움에는 때가 없다"라는 이념을 줄곧 고수하고 있다. 이는 사람에게는 언제든지 계속해서 공부할 기회가 있다는 것이다. 그러므로 하버드 사람들은 결코 연령에 구애받지 않는다. 수많은 노인이 젊은이들과 함께 하버드에서 공부한다. 매년 하버드의 합격자 명단에는 70세 전후의 사람들이 몇 명 포함돼 있다고 한다. 그들은 나이로 인해 공부를 포기하지 않고 오히려 퇴직 후 대학에 진학해 자신을 충전시키고자 한다. 그들에게 있어서 나이는 결코 배움을 방해하는 핑계가 될 수 없다. 항상 나이를 구실로 삼고 행동하지 않으면 정말로 늦어버릴 수도 있다.

10

당신이 불평해도
삶은 바뀌지 않는다

"세상일이란 십중팔구가 뜻대로 되지 않는 법이다"라는 말이 있다. 어떤 사람들은 살아가면서 방해가 되는 일이 생기거나 좌절하면 바로 세상을 원망하고 끊임없이 불평한다. 이에 하루 종일 언짢은 기분이 계속되고 의지가 사라지며 방해나 좌절은 이어진다. 반면 어떤 사람들은 곤경과 좌절이 닥치면 이성적으로 분석하고 원망이나 타협은 하지 않는다. 그리고 현재 상황을 변화시키기 위해 노력하기 때문에 그들의 인생에는 희망이 충만하다.

하루 종일 불평만 하는 사람들은 현재 상황을 영원히 변화시키지 못한다. 항상 저절로 해결되기를 기다리며 눈앞의 '어두운 현실'에 저주를 퍼붓는다. 그러나 이러한 '어두운 현실'이 바로 자신의 그림자라는 사실은 깨닫지 못한다. 반면 용감하게 현재 상황을 변화시키는 사람들은 항상 노력과 지혜로 곤경 속에 숨겨진 기회를 찾아내고 찬란하게 빛나는 인생을 살아간다.

어느 작은 마을에 세 식구가 살고 있었다. 너무나도 가난했기 때문에 세 식구는 며칠이나 아무것도 못 먹을 때가 있었다. 아들이 피골이 상접해가는 모습을 보고 부모는 어쩔 수 없이 아이를 데리고 길거리에 구걸을 하러 나갔다. 그러나 하루 종일 구걸을 해도 음식을 나누어주는 사람은 하나도 없었다. 아들이 배고파 죽어가는 모습을 보면서 다급해진 부모는 경건하고 정성스럽게 무릎을 꿇고 신에게 아들을 구해달라고 기도하기 시작했다. 결국 신은 그의 사자를 인간 세상에 보냈다. 사자는 그들에게 한 사람당 하나씩 소원을 들어주겠다고 얘기했다. 그러나 가족들은 그의 말을 미심쩍어했다. 아이의 어머니는 우선 자신의 소원을 얘기했다.

"저는 빵 한 트럭을 원합니다. 우리 아들을 배불리 먹이고 싶어요."

말이 끝나자 눈앞에는 정말로 빵 한 트럭이 나타났다. 아이의 아버지는 처음에는 신기하게 생각했지만 나중에는 화를 내기 시작했다. 아내가 바보같이 생각이 없어서 이렇게 소중한 기회를 싸구려 빵에 사용해버렸다고 끊임없이 불평했다. 신이 보낸 사자가 무엇을 원하느냐고 묻자 그는 매우 화를 내면서 아내를 가리키며 말했다.

"저는 이런 싸구려 빵 따원 필요 없어요. 이 바보 같은 여자를 어리석은 돼지로 만들어주세요."

말이 끝나자 신기하게도 빵은 사라졌고 아내도 사라졌다. 대신 한 마리 돼지가 있었다. 이를 보고 깜짝 놀란 아이는 눈앞의 '돼지'를 바라보며 슬피 울면서 사자에게 말했다.

"저는 돼지는 필요 없어요. 엄마가 필요해요. 제발 부탁이에요. 제발이요."

아이의 말이 떨어지자마자 어머니가 원래의 모습으로 돌아왔다. 사자는 손을 흔들며 어쩔 수 없다는 듯 그들에게 얘기했다.

"나는 이미 당신들의 소원을 들어줬소. 그렇지만 당신들이 불평을 하느라 기회는 전부 사라져버렸소."

말을 마치자 사자의 모습은 보이지 않게 됐다. 이렇게 세 식구는 아무것도 변화시키지 못한 채 여전히 길거리에서 구걸을 했고 아이는 배고픔에 계속 울었다.

때로 우리가 불평과 불만을 줄이고 열심히 노력하면서 행동하면 행운의 신은 우리에게 더 많은 성공의 기회를 가져다주기도 한다.

졸업한 지 얼마 되지 않은 대니는 심혈을 기울인 자신의 작품을 갖고 유명한 광고회사에 면접을 보러 갔다. 대니가 뽑은 면접 순서는 마지막이었다. 긴 시간을 기다리면서 긴장을 한 그녀는 마음을 진정시키기 위해 직원에게 따뜻한 물 한 잔을 부탁했다. 그런데 직원이 대니에게 물을 가져다주면서 실수로 그녀의 작품에 물을 엎질렀다. 작품은 물에 젖어 축축하고 쭈글쭈글해졌다. 대니는 그 순간 정신이 아득했다.

"어떻게 해야 하지? 이것은 조금 있으면 면접에 사용할 작품인데. 작품도 없이 어떻게 면접관에게 나의 창의력과 구상을 설명할 수 있을까?"

대니는 물을 엎지른 직원이나 자신의 불운을 원망해도 소용없다는 사실을 알고 있었다. 잠시 정신을 가다듬은 다음 그녀는 급히 직원에게 종이와 필기구를 가져다달라고 부탁했다. 제한된 시간 동안 그녀는 열심히 백지 위에 자신의 작품을 다시 묘사하기 시작했다. 그리고 또 다른 종이에 작품이 젖어버리게 된 상황을 대강 서술했다. 이어진 면접에서 대니는 수많은 면접자 중에서 두각을 드러냈고 최후의 행운아가 됐다.

면접관은 훗날 그녀에게 이렇게 얘기했다.

"광고는 창의력과 융통성이 중요하지. 당신의 작품은 아주 단순했지만 창의력이 돋보였어. 더욱 대단한 것은 그런 일이 발생했는데도 불평하지 않고 우선은 어떻게 해야 할지 생각했다는 거야. 그것이야말로 우리 회사에 필요한 것이었거든."

끊임없이 불평하기보다는 자기 자신과 현재 상황을 변화시키려고 노력해보면 어떨까? 그러면 삶은 당신의 뜻대로 풀리기 시작할 것이다. 깊은 이해와 정확한 행동 그리고 지속하려는 끈기와 결심만 있으면 아무리 어려운 일이라도 당신의 노력에 따라 변화할 것이다. 아무리 큰 고민이라도 갈피가 잡히고, 아무리 복잡한 모순이라도 간단하게 변할 수 있다.

  불평한다고 운명은 바뀌지 않는다. 자신의 운명을 변화시키려면 우선 불평을 그만둬야 한다. 먼저 자신의 마음가짐부터 변화시켜야 환경도 그에 따라 바뀔 것이다.

11

불평할 일이 적어야
행복하다

불평은 매우 부정적인 삶의 태도다. 부정적인 감정을 유발시키고 부지불식간에 우리 삶에 영향을 끼치기 때문이다. "사람일이란 십중 팔구 자기 뜻대로 되지는 않는 법이다"라는 말처럼 세상 모든 일이 자기 뜻대로 이뤄지기란 어렵다. 자기 뜻과 조금이라도 어긋났다고 해서 세상을 원망하고 불평한다면 삶은 항상 우울할 수밖에 없다. 우리는 살아가면서 뜻대로 되지 않는 일을 수없이 경험한다. 이에 일일이 불평한다면 우리 인생에는 즐거운 순간이 별로 없을 것이다. 여의치 않은 일이 닥쳤을 때 우선 마음을 가라앉히고 불평과 초조함을 버린다면, 희망을 끌어안고 변화시킬 방법을 찾으려 노력한다면 우리는 비교적 쉽게 행복을 느낄 수 있을 것이다.

주위를 둘러보면 우리 일상에는 다양한 불평이 넘쳐난다. 가족이 자신을 이해해주지 않는다고 불평하고, 책임자가 불공평하거나 회사 제도가 불합리하다고 불평하며, 인생이 내 맘대로 되지 않는다고 불평한다. 불평은 일종의 만성적인 독약 같은 사고이기 때문에 대뇌에 해를 끼친다. 또한 강력한 감염력을 갖고 있어 인생을 마주하는 우리의 태도와 행동에 악영향을 끼친다. '천 리나 되는 둑'을 무너뜨린 개미처럼 일상적인 불평은 우리의 의지를 순식간에 무너뜨린다.

또한 불평은 마약과도 같은 존재다. 비록 일시적으로는 억압된 감정을 해방시키지만 동시에 우리의 행복한 삶을 잠식한다. 무언가를 많이 얻어야만 행복한 것이 아니라 불평할 일이 적어야 비로소 행복할 수 있다. 우리는 다른 사람에게 가혹한 요구를 하지 말고, 어떤 일이 일어나도 불평하지 말아야 한다. 또한 자아를 능숙하게 조절해 자신의 감정을 조절할 수 있어야 비로소 평안을 얻고 행복을 맛볼 수 있다.

하버드 학생들은 불평하지 않는다. 그들은 열심히 공부하고 좀 더 성장하기 위해 시간을 이용한다. 인생의 난관이 닥쳐도, 여의치 않은 일이 생겨도 그들은 지혜롭게 대처하기 위해 노력하고 자신을 더욱 강하게 만든다. 그리고 자신만의 행복한 삶을 창조한다. 이는 불평의 속박에서 벗어나 자신의 도량을 넓히고, 끊임없이 자신을 단련하며 발전시켜야 비로소 자기 자신에게 완벽한 세상이 주어진다는 사실을 잘 알고 있기 때문이다.

어느 산속에 대사가 살고 있었다. 그는 제자 두 명과 함께 살고 있었는데 그 중 큰 제자는 불평하기를 매우 좋아하는 사람이었다.

어느 날 저녁, 대사가 직접 요리를 만들어 상을 차렸다. 준비를 다 마치고 대사와 제자들은 상을 둘러싸고 앉아 밥을 먹기 시작했다. 수저를 들자마자 큰 제자가 평소처럼 끊임없이 불평을 늘어놓기 시작했다. 우선은 하산하는 길이 험준해서 내려가기 힘들다는 불평부터 시작해서 가뭄 때문에 먼 곳까지 물을 길으러 가야 한다면서 투덜거렸다. 그러고는 탁발을 할 때 만나는 사람마다 차가운 눈초리를 보낸다는 둥 심지어 사원의 향불이 다른 큰 사원의 향불만 못하다고 불평했다.

잠자코 큰 제자의 불평을 듣고 있던 대사는 큰 제자의 말이 끝나자마자 물었다.

"오늘 반찬 맛이 어떠냐?"

어리둥절해진 큰 제자는 대답했다.

"방금 전까지 계속 말을 하느라 음식 맛보는 것을 잊고 있었습니다."

대사는 작은 제자에게도 똑같은 질문을 하자 그는 고개를 저으며 대답했다.

"방금 저는 형님의 얘기에 정신이 팔려 있었기 때문에 음식 맛을 느 낄 겨를이 없었습니다."

대사가 말했다.

"그렇다면 지금 당장 맛을 자세히 음미해보거라."

두 제자는 각자 상 위의 요리를 하나하나 맛을 본 다음 이구동성으 로 얘기했다.

"사부님, 오늘 저녁 반찬이 정말 맛있습니다!"

대사는 미소를 지으며 그들에게 가르침을 줬다.

"너희 중 한 사람은 끊임없이 불평을 하고, 다른 한 사람은 그 불평 을 듣느라 정신이 팔려 있으니 삶의 즐거움이 바로 앞에 있는데도 그 것을 누릴 줄 모르는 것이니라."

한바탕 불평을 늘어놓은 큰 제자는 과연 무엇을 얻었을까? 어쩌면 감정을 표현한 후 느끼는 허무함이나 수습하기 힘든 걱정거리를 얻 었을지도 모른다. 아무리 불평을 하더라도 그의 삶과 처한 환경은 조 금도 바뀌지 않았다. 만약 정말로 무언가가 바뀌었다면 갈수록 초조 한 감정만 생겨난 것이다. 이는 원래 조용했던 하늘에 먹구름을 드리 우는 꼴이다. 큰 제자는 불평하는 데 시간과 기력을 쏟느라 하마터면 눈앞의 맛있는 음식을 즐기지 못할 뻔했다. 게다가 이는 작은 제자에 게도 영향을 끼쳐서 그도 마찬가지로 음식의 맛을 즐기지 못할 수 있 었다.

2장 용감한 자는 나아가고 나약한 자는 물러난다

일상생활에서 우리는 큰 제자처럼 줄곧 불평만 하느라 주위의 행복을 놓치고 다른 사람에게까지 걱정을 끼친다. 그러므로 설령 삶이 당신에게 고통을 준다 해도 불평을 해서는 안 된다. 가능한 한 불평하는 횟수를 최소한으로 줄이고 좀 더 긍정적인 태도로 세상을 바라봐야 한다. 불평은 자기 손으로 자기 발등을 찍는 일이나 마찬가지여서 상대에게 무익하고, 자신에게 불리하며, 일에도 아무런 도움이 안 된다.

인생의 무게는 결코 가볍지 않으며 우리의 삶엔 우여곡절이 있기 마련이다. 인생이 항상 순풍에 돛단 듯 순조로울 수는 없고, 모든 일이 원하는 대로 이뤄질 수는 없다. 인생은 자신이 원하는 대로 완벽하게 그려나갈 수 있는 것이 아니고, 자기가 하고 싶은 대로 할 수 있는 것이 아니다. 길고 긴 인생의 길에는 항상 고락이 함께한다. 삶에는 슬픔과 기쁨, 이별과 만남이 있기 마련이다. 그렇기 때문에 우리의 삶은 비로소 풍부하고 다채로우며 흥미진진해지는 것이다.

한 노인이 말했다. 행복한 인생을 손에 넣기란 결코 어려운 일이 아니라고, 세 가지 규칙만 잘 지키면 된다고 말이다. 그것은 바로 첫째, 자신의 잘못으로 자신을 벌하지 말 것, 둘째, 자신의 잘못으로 남을 벌하지 말 것, 셋째, 다른 사람의 잘못으로 자신을 벌하지 말 것이다. 원망과 불평을 인생에서 없애버리지 않으면 당신은 영원히 진정한 즐거움을 얻을 수 없다.

『길 잃은 새Stray Birds』를 집필한 인도의 시인 타고르는 다음과 같이 말했다.

"만약 태양을 잃었다고 눈물을 흘린다면 당신은 아마도 수많은 별을 잃게 될 것이다."

길고 긴 인생이라는 길에서 우리는 실수나 실패를 피할 수 없다. 그렇지만 자신과 타인을 너그럽게 용서하면 행복의 문은 당신을 위해 활짝 열릴 것이다.

12

가장 좋은 거울은
자기 자신이다

남녀노소를 불문하고 사람들은 모두 자기 자신을 좋아한다. 어떤 사람은 거울로 자기 외모를 관찰하면서 자신이 어떤 사람인지 골똘히 생각하기도 한다. 사실 거울로 우리의 외면만 볼 수 있는 것은 아니다. 우리는 거울을 통해 자신의 내면을 볼 수 있고 어느 부분에 자신의 결점이 있는지 알 수 있다. 어쩌면 사람에게 가장 좋은 거울은 바로 자기 자신인지도 모른다. 하버드의 어느 심리학 교수가 학생들에게 다음과 같은 얘기를 들려줬다.

2011년은 57세의 첼리스트 요요마에게 매우 의미 있는 해였다. 그 해에 미국 뉴욕 시는 새로 건설한 길의 이름을 요요마의 이름을 따 붙였고, 오바마 대통령은 직접 그에게 최고 영예를 상징하는 대통령 자유훈장을 수여했다.

요요마의 부모님은 모두 화교로서 미국의 대학을 졸업한 뒤 월스트 리트에서 경제연구원으로 일했다. 요요마가 태어나자 부모님은 그의 인생을 완벽하게 계획했다. 그들의 아이를 뛰어난 경제학자로 만드 는 것이었다. 아직 말도 못 하는 요요마에게 부모님은 숫자를 가르치 기 시작했다. 그가 가장 먼저 배운 말은 '엄마', '아빠'가 아니라 숫자 였다. 요요마가 두 살 때부터 그의 부모님은 산수를 가르치기 시작했 다. 그렇게 요요마는 부모님의 요구대로 열심히 공부하면서 짜인 시 간에 맞춰 어린 시절을 보냈다. 초등학교에서 요요마는 '수학 천재' 였다. 그는 수학경시대회에서 대상을 수없이 받았다. 그러나 그의 부 모님과 선생님, 친구들은 기뻐했지만 정작 요요마에게는 전혀 의미 가 없는 일이었다.

금방이라도 비가 쏟아질 것 같은 어느 날, 요요마는 하굣길에 비를 피하기 위해 외진 골목길로 들어섰다. 그리고 오래된 집 정원에서 흘 러나오는 너무나도 아름다운 음악소리를 듣게 됐다. 마치 흐르는 물 처럼 우아하고 아름다운 선율이 그를 빨아들였다. 그는 발걸음을 멈 추고 정원 안을 들여다봤다. 어느 노인이 첼로를 켜고 있었다. 노인 은 첼로를 켜는 데 완전히 도취돼 있었고, 그의 몸은 음악소리에 맞쳐 가볍게 흔들리고 있었다. 이 광경을 바라본 요요마는 감탄을 금할 길이 없었다. '내가 저렇게 아름다운 음악을 연주할 수 있다면 얼마나 좋을까?' 그 순간 요요마는 음악이야말로 자신이 진정으로 좋아하는 것임을 깨달았다.

요요마를 발견한 노인은 그를 정원으로 불러들였다. 그러고는 여러 아름다운 곡들을 연주해줬을 뿐만 아니라 음악과 관련된 감동적인 얘기도 들려줬다. 이에 요요마는 음악에 완전히 빠지고 말았다.

당시 미국 대도시의 학원가에는 각종 양성반이 매우 많았다. 요요마의 부모님은 아들을 수학 양성반에 등록시켰지만 요요마는 전혀 흥미를 느끼지 못했다. 그는 종종 수업을 팽개치고 노인의 집에 가서 음악을 듣고 첼로를 배웠다. 당연하게도 그의 수학 성적은 떨어지게 됐고, 부모님은 즉시 이를 알아채고는 요요마를 불렀다.

"지금까지 했던 잘못은 네가 고치면 그만이야. 그렇지만 앞으로는 열심히 수학을 공부해야 한다!"

요요마는 반항하며 말했다.

"왜 꼭 수학을 공부해야 하나요? 저는 수학을 전혀 좋아하지 않아요!"

부모님은 그에게 다그쳤다.

"수학을 잘 배워야 유명한 경제학자가 될 수 있어. 바로 우리처럼 말이야. 심지어 우리보다 더 뛰어난 위대한 수학자가 될 수도 있지!"

"왜 제가 꼭 두 분과 같은 길을 가야 하나요? 저는 음악이야말로 제가 가장 좋아하며 가야 할 길이라 생각해요. 그리고 제가 좋아하는 일을 해야 더 잘할 수 있을 거예요. 그러면 저는 분명 더욱 행복할 거예요!"

요요마는 결연하게 자신의 생각을 얘기했다. 그는 자신이 나아가야 할 인생의 방향을 스스로 결정해야 한다고 생각했다. 부모님을 포함해 그 누구도 자기 자신을 대신할 수 없다고 말이다.

그때부터 본격적으로 요요마는 노인의 집에 자주 들러 음악을 배웠다. 얼마 지나지 않아 그의 의지는 부모님의 마음을 움직였고, 결국 부모님도 아들이 음악학원을 다니는 데 동의했다. 음악에 흥미가 있었기 때문에 요요마의 실력은 일취월장했다. 고등학교를 졸업할 때 그는 맨해튼 시 학생 음악회에서 일등상을 받았고, 결국 하버드대학에 입학했다. 그리고 이것으로 그의 음악적 명성은 점차 높아지기 시작했다. 수많은 유명 교향악단, 심지어 피아니스트 에마누엘 악스 Emanuel Ax 등 음악의 대가가 그에게 연주를 요청했다.

이후 요요마는 음악 분야에서 끊임없이 탐색하며 발전해나갔다. 여러 차례 백악관에 초청되어 음악을 연주했고, 댄 데이비드 상Dan David Prize과 그래미상의 단골손님이 되어 그의 명성은 전 세계로 퍼져나갔다. 2006년 요요마는 유엔의 평화대사로 임명됐다. 2011년 2월 15일에는 미국 대통령 오바마로부터 대통령 자유훈장을 받았다. 당시 이와 같은 명예를 함께 누린 사람으로는 독일의 메르켈 총리, 미국의 전 대통령 부시, '주식의 신'으로 불리는 워런 버핏이 있었다.

대통령 자유훈장을 받은 날 저녁 요요마는 너무나도 감격하며 이렇게 말했다.

"내 인생의 주인은 오로지 하나다. 그것은 바로 나 자신이다. 자신이 배열해놓은 인생의 궤적을 따라가면 분명 가장 즐거운 인생이 될 것이고 성취를 이룰 수 있을 것이다!"

다른 사람은 당신의 장점이나 단점을 비추어낼 수 없다. 모든 사람은 자신만의 거울을 갖고 있다. 만약 항상 다른 사람을 통해 자신의 가치를 평가하고, 다른 사람을 통해 자신을 바라본다면 당신은 자신이 어떤 사람인지 확실히 볼 수 있는 방법을 영원히 찾지 못할 것이다. 이 세상에서 모든 사람은 저마다 다른 역할을 연기하고 있고 각자 다른 임무를 짊어지고 있다. 자신의 역할을 잘 해내기 위해 우리에게 필요한 것은 바로 내면의 거울이다. 이를 통해 객관적으로 자신의 부족한 부분과 우수한 부분을 발견하는 것이다. 그래야만 비로소 자신의 장점을 완벽하게 활용하고 인생의 가치를 발휘할 수 있다.

13

자기 운명의
설계사가 된다는 것

하버드 학생들은 모두 운명은 자기 손에 달려 있다고 굳게 믿는다. 그들은 마음속에 맞서 싸울 수 있는 용기를 갖고 있기 때문에 쉽게 패배를 인정하지 않는다. 그들은 실패해도 낙담하지 않고 오로지 신념을 굳게 지킨다. 그들의 신념이란 바로 자기 운명의 설계사가 되는 것이다.

루트비히 반 베토벤은 독일의 위대한 작곡가이자 빈의 고전악파를 대표하는 인물 중 한 사람이다. 1770년 12월 16일에 태어난 그의 고

향은 프랑스에서 멀지 않은 라인 강가에 위치한 작은 도시 본이다. 그의 할아버지는 본의 궁정악단에서 악장을 맡고 있었고, 아버지는 궁정의 테너 가수였다. 어렸을 때 베토벤이 음악적 재능을 드러내자 아버지는 그를 모차르트 같은 신동으로 기르기 위해 그에게 피아노와 바이올린을 배우게 했다. 그는 여덟 살에 이미 음악회에서 공연을 하고 작곡도 하기 시작했다. 그러나 이때 베토벤이 받은 교육은 결코 체계적이지 못했다.

열두 살에 그는 이미 자유자재로 연주를 했고 오르간 연주자였던 네페^{Christian Gottlob Neefe}의 조수를 담당했다. 네페로부터 베토벤은 정식적인 음악교육을 받을 수 있었다. 다방면에 천재적인 음악가였던 네페는 베토벤의 예술적 시야를 넓혀줬다. 베토벤은 독일 고전 예술에 대해 자세히 이해할 수 있게 됐고, 인생의 숭고한 목적을 견고히 세웠다. 베토벤의 체계적인 학습과 풍부한 교양은 실제로 네페의 세심한 지도로부터 시작됐다고 할 수 있다. 네페가 이끄는 대로 그는 1787년에 빈에 가서 모차르트에게 가르침을 구했다. 모차르트는 베토벤의 연주를 들은 후 언젠가 그가 전 세계를 놀라게 할 것이라고 예언했다. 그러나 빈에 도착한 지 얼마 되지 않아 어머니의 부고를 받은 그는 어쩔 수 없이 즉시 본으로 돌아가야 했다.

1792년 가을 아버지가 세상을 떠난 후에야 그는 빈으로 돌아올 수 있었다. 그러나 이때는 모차르트가 이미 세상을 떠난 뒤였다. 베토벤은 다시 빈에 오자마자 최고로 탁월한 연주가라는 명성을 얻었다. 이

후에 그는 하이든, 알브레히츠베르거, 살리에리 등을 스승으로 삼았다. 본에 있던 시절 그는 지식인 브라우닝과의 교제를 통해 당시의 유명 교수, 작가, 음악가를 직접 만났고 그들에게서 '질풍노도(18세기 말에 독일에서 일어난 낭만주의문학운동을 가리키는 말—옮긴이)' 사조의 영향을 받았다. 사실 프랑스 대혁명이 일어나기 몇 년 전부터 베토벤의 민주적인 사상은 이미 성숙해져 있었지만 혁명의 시대를 보내며 그의 민주적 사상은 더 빠르게 성장했다.

1789년, 베토벤은 프랑스 부르주아 혁명의 진보적 사상 의식의 큰 영향을 받았다. 이로써 그는 인문주의적 세계관의 기초를 다지게 됐다. 그는 인류의 평등을 굳게 믿으며 정의와 개성의 자유를 추구했고 봉건전제정치의 압박을 증오했다. 비록 베토벤, 하이든, 모차르트가 살았던 연대가 매우 비슷하기는 하지만 베토벤의 사상은 하이든이나 모차르트와 동일한 '세대'에 속하지 않는 것이 확연하게 드러난다. 하이든은 평생 동안 모욕을 겪으며 때로는 격노하기도 했지만 항상 외부의 압박을 참고 견뎌냈다. 그가 당시의 진보적인 문학 사조와 혁명적인 정서에 감동하는 일은 드물었다. 이 때문에 하이든의 음악에서 투쟁의 그림자를 찾아보기 힘들다. 하이든과 비교했을 때 모차르트는 정신적으로 매우 큰 고통을 받았지만 용감하게 맞섰다. 빈곤할지언정 대주교나 귀족의 모욕을 받아들이지 않았던 것이다. 청춘의 활력이 느껴지는 모차르트의 음악에서는 숨겨진 고통과 우울함, 비애의 정서를 느낄 수 있다. 반면 베토벤은 끊임없이 봉건제도에 분노하고 대항했으며 음악을 통해 사람들에게 자유와 행복을 위한 투쟁을 호소했다. 그는 사회와 정치 문제에 대해 더욱 깊이 이해하게 됐고 목표를 찾기 위해 노력해야 한다는 사실을 의식하기 시작했다. 1802년에서 1812년에 이르는 시기에 그의 창작은 성숙기에 진입했다. 이 시기는 훗날 그의 '영웅시대'가 됐다.

1796년부터 베토벤의 청력은 점점 나빠지기 시작했다, 1801년이 되어 자신의 귀가 나을 수 없다는 사실을 확인했을 때 그는 비로소 이를 친구에게 알렸다. 그러나 그는 운명에 굴복하지 않고 자신이 운명을 주재하기로 결정했다. 막대한 정신적 위기를 마주하고도 그는 교향곡 〈영웅〉을 창작하기 시작했다. 이 곡은 베토벤의 정신적인 전환기를 상징하는 동시에 창작활동의 '영웅시대'가 시작되었음을 의미한다.

1818년부터 1827년에 이르는 베토벤 인생의 최후 10년간 그는 귀가 완전히 들리지 않게 됐으며 건강 상태도 악화됐다. 그러나 생활이 곤란하고 정신적인 절망이 계속되는 상황에서도 그는 여전히 강인한 의지로 〈교향곡 9번(합창)〉을 작곡했다. 이는 그의 찬란하고 서사적인 평생의 업적이었으며 동시에 인류의 아름다운 희망을 드러내는 곡이 됐다.

운명이란 참으로 오묘하다. 그것은 사람에게 성공을 선사하기에 앞서 시련을 주고, 그것을 극복한 사람만이 비로소 성공을 얻을 수 있게 한다. 시련이라는 관문을 통과하지 못한 실패자들은 절망과 불평

속에 남은 인생을 보낸다. 반면 시련을 헤치고 나아가 용감하게 도전을 받아들이는 사람은 시련을 극복하고 운명의 신이 선사하는 가장 귀한 상을 받는다.

셰익스피어는 "만약 우리가 자신을 진흙에 비유한다면 우리는 정말로 다른 사람에게 짓밟히는 존재가 될 것이다"라고 말했다. 스스로 자신의 가치를 비하하는 자는 절대 찬란한 빛을 향해 나아갈 수 없다.

릭 브래그^{Rick Bragg}는 미국 역사상 최초로 뉴스보도 분야에서 퓰리처상을 받은 흑인 기자다. 그는 모든 흑인의 자랑거리였다.

그는 어렸을 때 자기 자신을 매우 싫어했다. 그는 피부색으로 인해 절망한 나머지 성격이 괴팍해졌고 자신이 절대 성공하지 못할 거라고 생각했다.

그의 아버지는 식견이 풍부하고 교양 있는 선원이었다. 아들의 고민을 꿰뚫어본 그는 아무 말도 하지 않고 아들을 데리고 유명한 사람들이 살던 집을 관람하러 돌아다니기 시작했다. 아버지는 그를 네덜란드의 반 고흐가 살던 집에 데려갔다. 작은 침대와 터진 가죽 신발을 보고 아들은 궁금해하며 아버지에게 물었다.

"반 고흐는 백만장자가 아니었나요?"

아버지는 대답했다.

"반 고흐는 결혼조차 할 수 없을 만큼 형편이 어려웠다."

네덜란드를 떠나 아버지는 아들을 덴마크에 데려갔고 안데르센이 살던 집을 관람했다. 아들은 또 궁금해하며 물었다.

"안데르센은 황궁에서 생활하지 않았나요?"

아버지는 대답했다.

"안데르센은 구두장이의 아들이었단다. 그는 생전에 오래되고 허름한 다락방에서 살았어."

아버지의 말을 듣고 아들은 무언가를 깨달은 것 같았다. 아버지는 두툼하고 힘 있는 큰 손으로 아들의 머리를 어루만지며 온화하게 말했다.

"아들아, 보렴. 위대한 사람들도 결코 태어났을 때부터 위대했던 건 아니었단다. 그러니 신은 결코 누군가를 편애하는 것이 아니라는 사실을 알 수 있지."

아버지의 이런 교육 덕분에 그는 자신감을 되찾았다. 분명 자신도 위대한 일을 해내고 위대한 사람이 될 수 있을 거라 믿었다. 또한 이 세상에 충만한 열정을 갖게 된 그는 기자가 되어 세계를 누비고 다니겠다는 뜻을 세웠다.

그때부터 그는 자신의 꿈을 이루기 위해 게을리하지 않고 분투했다. 대학교를 졸업한 후 드디어 기자가 됐다. 그렇지만 그는 일을 하면서 항상 백인들의 차별과 괴롭힘을 받아야 했다. 한번은 한 백인 기자가 그가 한 달 동안 취재한 자료의 성과를 가로챘다. 당시 그는 이 일에 분노하여 편집장을 찾아가서 공평하게 처리해주기를 바랐다. 그러나 일은 뜻대로 돌아가지 않았다. 편집장은 아예 그의 말을 들으려 하지 않았고 일방적으로 백인 기자의 편을 들었다.

이 사건을 통해 그는 현실의 잔혹함과 사람들의 사악한 모습을 재차 확인할 수 있었다. 그래도 그는 여전히 자신의 장밋빛 미래를 믿었다. 그는 고생을 마다 않고 위험 지역들을 찾아다니며 최신 뉴스를 손에 넣었다. 결국 뉴스에 관한 독특한 시각과 이념 덕분에 그는 미국 뉴스 보도 업계 최고의 상인 퓰리처상을 받았고, 같은 업계의 수많은 흑인에게 마음의 등불을 밝혀줬다.

상을 받는 날, 그는 감격이 가득한 소리로 외쳤다.

"하나님 감사합니다! 하나님은 결코 비천한 사람을 내버려두지 않으십니다. 그리고 위대한 영혼을 모든 사람의 육체 속에 숨겨 놓으셨습니다. 출신이 고귀한 육체든 비천한 육체든 모두 똑같이 말입니다. 그리고 아버지 감사합니다! 아버지는 자신감을 주셨고 저만의 영혼을 찾게 해주셨습니다. 견실한 믿음이 있고, 노력을 게을리하지 않으면 흑인도 백인과 마찬가지로 어떤 일이든지 해낼 수 있다는 사실을 깨닫게 해주셨습니다. 모든 사람은 자기 운명의 설계자입니다."

하버드 철학에는 다음과 같은 말이 있다.

"삶은 어떠한 실패자도 불쌍히 여기지 않는다. 시련이 다가왔을 때 용감한 자는 앞으로 나아가고 나약한 자는 뒤로 물러난다."

사람의 운명은 자신에게 달려 있다. 오로지 자기 자신만이 인생을 변화시킬 수 있다.

　사람들은 저마다 자기 운명의 설계자다. 당신이 소유하고 싶은 인생이 있다면 반드시 그에 걸맞은 노력을 지불해야 한다. 당신의 인생은 당신 손에 달려 있다고 굳게 믿어라.

3장

기회는
근면한 사람에게
더 오래 머무른다

빌 게이츠, 하버드대학 중퇴

위대한 성공은 역량이 아닌 인내력에서
비롯된다. 사회에서의 경쟁에는 종종 지
구력이 필요하다. 그러므로 꾸준한 마음
과 의지를 가진 사람만이 최후의 승리를
거머쥐는 성공자가 된다.

14

계획 없는 목표는
한낱 꿈에 불과하다

하버드대학에서 이상과 목표가 인생과 행동에 끼치는 영향을 연구하기 위해 추적 조사를 실시했다. 이 조사는 지능지수, 학력 등 다양한 방면의 조건이 비슷한 학생들을 대상으로 이뤄졌으며 그 결과는 다음과 같다.

3퍼센트는 매우 명확하고 장기적인 목표를 갖고 있었다.

10퍼센트는 비교적 명확하고 단기적인 목표를 갖고 있었다.

60퍼센트는 목표가 모호했다.

27퍼센트는 목표가 없었다.

25년간의 추적 조사 끝에 한 가지 기이한 결과를 얻었다.

명확하면서도 장기적인 목표를 갖고 있던 3퍼센트의 학생들은 25년 동안 자신의 목표를 바꾸지 않고 끊임없이 노력했다. 그리고 25년 후 그들은 사회 각계를 이끄는 리더가 되어 있었다. 그들은 맨손으로 사업을 일으킨 창업가, 업계의 리더, 사회의 엘리트, 즉 사회의 정상에 속하는 사람이 됐다.

명확하면서도 단기적인 목표를 갖고 있던 10퍼센트의 학생들은 상황이 대동소이했다. 그들은 끊임없이 단기적인 목표를 하나하나 실현했으며 삶의 질도 점진적으로 향상됐다. 그 결과 그들은 의사, 변호사, 엔지니어, 고위 관료 등 각 업계에서 전문적인 역할을 하는 인물이 됐고 사회의 중산층이 됐다.

목표가 모호했던 60퍼센트는 안정된 생활을 선택했다. 그들은 평온한 삶을 보냈지만 특별한 성과도 이루지 못했으며 대부분 사회의 중하층이 됐다.

목표가 없었던 27퍼센트의 사람들은 자신이 원하는 삶을 살고 있지 않았다. 그들에게는 노력할 목표가 없었기 때문에 불만스럽게 생활하고 있었다. 그들은 종종 일자리를 잃고 연금에 의지해 살며 세상을 원망하면서 사회의 최하층에 속하게 됐다.

이와 비슷한 조사를 미국 예일대에서도 실시한 적이 있었는데 그 결과는 대동소이했다. 이러한 조사 결과를 통해 우리는 이상과 목표가 사람에게 얼마나 중요한지 알 수 있다.

100여 년 전, 가난한 양치기가 살고 있었다. 그에게는 아들이 두 명 있었다. 어느 날 그는 아이들을 데리고 산비탈에 양을 치러 가다가 하늘을 날아가는 기러기 떼를 봤다.

작은 아들이 물었다. "기러기들은 어디로 가는 걸까요?" 그러자 양치기가 대답했다. "그들은 따뜻한 지방을 찾아 날아가는 거란다." 큰 아들이 말했다. "우리도 날 수 있다면 정말 좋겠다." 양치기는 다음과 같이 말해주었다.

"네가 원하기만 하면 얼마든지 날 수 있단다. 이상의 날개를 달고 흔들리지 않는 목표를 세우기만 하면 너희들이 가고 싶은 곳으로 날아갈 수 있단다."

두 아들은 아버지의 말씀을 가슴 깊이 새겼다. 그리고 하늘을 나는 꿈을 실현하기 위해 노력을 게을리하지 않았고 그들은 결국 하늘로 날아올랐다. 그들은 바로 비행기를 발명한 라이트 형제다.

이상의 힘은 매우 강력하다. 사람들은 이상이란 인류의 영혼을 밝히는 횃불이며 인생의 엔진이라 얘기한다. 수백 년 동안 성실하게 열심히 공부하는 하버드 청년들은 숭고한 이상이 이끄는 대로 고군분투하는 가운데 자신의 인생길을 개척해왔다. 그들은 삶이란 인생의

3장 기회는 근면한 사람에게 더 오래 머무른다

빛을 찾아 거대하게 울부짖는 파도를 힘차게 저어가는 배라고 생각했다.

　물론 이상에는 현실적인 뒷받침이 필요하다. 원대한 이상을 수립하되 실현 불가능할 정도로 너무 높아서도 안 된다. "천릿길도 한 걸음부터"라는 말처럼 모든 이상은 반드시 눈앞의 일부터 착실하게 실천해야 한다.

　이상은 아름다운 미래에 대한 일종의 동경이다. 이상을 위해 분투할 때 우리는 아무리 괴롭고 지쳐도 그 속에서 즐거움을 느낄 수 있다. 그러나 이상이 없는 사람에게는 전진할 동력도 생기지 않고 앞으로 나아갈 수도 없다. 그런 사람에게 삶이란 그저 단순히 태어나고 죽는 일일 뿐이다. 오늘의 이상은 바로 우리가 미래에 성공의 문을 열 때 필요한 황금열쇠다.

15

낭비한 시간에 대한 후회는
더 큰 시간 낭비다

"젊은 날은 다시 돌아오지 않고 하루의 아침은 두 번 다시 오지 않는다"라는 말처럼 우리 모두는 시간의 소중함을 알아야 한다. 그러나 이를 실제로 깨닫는 사람은 매우 드물다. 오늘의 소중함을 모르는 사람은 내일을 장악할 수 없다. 하버드의 한 교수가 학생들에게 다음과 같이 얘기했다.

"모두들 오늘은 서두를 필요 없이 게으름을 피우고 내일로 미루려는 생각을 하지만 이는 미련한 방법입니다. 오늘은 일단 지나가면 다시는 돌아오지 않는다는 사실을 깨달아야 합니다. 그리고 모두들 반드시 지금의 순간을 꽉 잡아야 합니다."

미국의 저명한 정치인이자 과학자인 벤저민 프랭클린$^{Benjamin Franklin}$은 정해진 시간을 최대로 이용하기 위해 자신만의 시간표를 만들었다. 이 시간표에서 프랭클린은 자신에게 다음과 같이 요구했다.

"새벽 5시에 기상해 하루에 할 일을 계획하고 자문한다. '나는 오늘 어떤 좋은 일을 할 것인가?' 오전 8시에서 11시, 오후 2시에서 5시까지는 일을 한다. 정오부터 오후 1시까지는 독서를 하고 밥을 먹는다. 저녁 6시부터 9시까지는 저녁을 먹고 오락을 즐기고 오늘 한 일을 돌아보며 '나는 오늘 어떤 좋은 일을 했는가?'라고 자문한다."

이를 알게 된 한 친구가 물었다

"매일 시간표대로 살면 피곤하지 않은가?"

그러자 프랭클린은 손을 저으며 친구에게 단호하게 얘기했다.

"자네는 삶을 사랑하는가? 그렇다면 시간을 낭비하지 말게. 시간은 우리의 삶을 구성하는 요소니 말일세."

오늘을 소중히 해야 한다고 말은 하지만 실제로 소중히 하는 사람은 매우 드물다. 대부분 시간이 많이 남아 있다고 생각하며 시간을 흥청망청 낭비한다. 그 결과 아무것도 이루지 못하고 평생의 후회를 남긴다.

인생은 짧다. 시간을 소중히 여기지 않고 제대로 이용하는 법을 배우지 않으면 시간이 아무리 많더라도 허무하게 흘러가버린다. 그러므로 주어진 오늘은 단 하루뿐이며 일단 지나가면 다시는 돌아오지 않는다는 사실을 명심해야 한다. 우리에게 헤프게 낭비할 시간은 없다. 더욱이 인생의 길에서 방황할 시간은 없다.

오늘은 매우 소중하지만 동시에 가장 하찮게 여기기도 한다. 주의하지 않으면 오늘은 우리 앞에서 사라진다. 다시 돌리고 싶어도 절대 다시 돌아오지 않는 오늘을 자신의 손으로 의미 있게 만들어야 한다. 시간을 충분히 이용하고 오늘을 쉽게 흘려보내지 마라.

영국의 대극작가이자 시인인 셰익스피어는 "시간은 소리 없이 지나가고 우리가 필요로 한다고 해서 잠시 기다려주지 않는다"라고 말했다. 시간을 낭비하면 분명 그로 인해 평생 후회하게 될 것이다. 청춘은 한번 지나가면 다시 돌아오지 않는다. 과거는 과거일 뿐 절대 다시 돌아오는 법은 없다.

천사가 인간 세상에 내려와 사람들의 고통을 살펴보고 있었다. 그러다 쇠약한 노인이 통곡하고 있는 모습을 보고 물었다.

"당신은 누구신가요? 나이도 많으신 것 같은데 왜 울고 계세요?"

노인은 슬픔에 잠겨 말했다.

"난 어릴 때부터 노는 것을 좋아해서 나 자신을 억제하지 못했소. 소년시절에는 공놀이를 했고 청년시절에는 마작을 했지요. 중년이 돼서는 노래와 연극을 좋아했소. 결국 나는 아무런 일도 이루지 못한 채 유일한 재산마저도 탕진하고 말았답니다. 이제 거지나 다름없게 되어 소중한 시간을 헛되이 흘려보낸 것을 진심으로 후회하고 있소."

천사는 가련한 노인을 보고 물었다.

"만약 젊었을 때로 다시 돌아갈 수 있다면……?"

"정말이오? 그렇다면 난 반드시 새 사람으로 태어나 열심히 노력할 거요."

노인은 고개를 들어 천사를 바라보면서 도움을 청했다.

"만약 나에게 다시 한 번 청춘을 준다면 나는 반드시 시간을 소중히 여기고 열심히 일해서 꼭 무언가를 이뤄내겠소."

"그럼 좋습니다."

천사는 미소를 짓더니 사라졌다.

노인은 자신의 몸에 변화가 일어났음을 느꼈다. 우선 주름이 가득 하던 손이 팽팽해졌고 몸은 스무 살 때의 모습으로 돌아갔다.

그는 자신이 천사에게 한 말을 기억하고 대학을 먼저 찾아가기로 했다. 대학으로 향하던 길에 몇몇 청년이 카드게임을 하는 것을 봤다. 그 모습을 지켜보고 있자니 그는 손이 근질거리기 시작했다. 그러면서 '아직은 괜찮지 않을까' 하고 마음속으로 생각했다. 결국 그는 패에 끼어들어 청년들과 함께 놀기 시작했다. 다음 날 그는 다시 대학으로 향하다가 길에서 재미있는 공연을 보게 됐다. 가까이 다가가서 보니 자기가 정말로 좋아하는 공연이었다. 이렇게 그는 카드를 하고 공연을 보면서 여전히 예전처럼 시간을 흘려보내고 있었다.

세월은 어느새 또 흘러갔다. 자신의 머리가 백발이 됐음을 발견했을 때 그는 여전히 아무것도 이루지 못한 가난한 노인이었다. 그는 또 다시 후회하며 울기 시작했다. 이때 다시 천사가 나타났다. 그는 '퍽' 하고 무릎을 꿇더니 천사에게 다시 한 번만 기회를 달라고 구걸하기 시작했다.

"내가 또 바보 같은 짓을 저지르고 말았소! 부디 큰 자비를 베풀어 나에게 다시 한 번만 기회를 주시오. 앞으로는 시간을 반드시 유익한 일에 사용하겠소!"

천사는 고개를 저으며 말했다.

"당신에게 아무리 청춘을 돌려준다 하더라도 진정한 삶을 얻을 수 없을 겁니다. 당신은 영원히 시간을 소중히 하지 않을 거예요."

"시간은 사람을 기다려주지 않고, 검은 머리는 순식간에 흰머리로 변한다"라는 말이 있다. 자신에게 충분한 시간이 있다고 생각한 예화 속의 노인은 거리낌 없이 시간을 헤프게 사용했다. 그러다 머리에 백발이 가득하게 돼서야 비로소 자신이 허송세월했음을 후회하게 됐다. 시간은 소홀히 하기 쉬운 만큼 사람을 후회하게 만드는 것이기도 하다. 그러므로 우리는 시간을 소중히 하고 합리적으로 계획해야 한다.

하루의 일이나 공부를 끝마칠 때 곰곰이 생각해보라. 오늘 하루 나는 무엇을 했는지, 그것은 나에게 플러스가 됐는지 아니면 마이너스가 됐는지. 그러면 자신이 시간을 충분히 이용했는지 알게 되고 결국에는 성공을 향해 나아갈 수 있다.

시간은 모든 사람에게 24시간 공평하게 주어진다. 그러므로 우리는 시간 동안 의미 있는 일을 하고 절대 허송세월해서는 안 된다. 시간을 헛되이 흘려보낸다면 이는 자신의 생명을 낭비하는 것과 같다.

16

당신이 상상하는 것보다
당신은 더 잘할 수 있다

섬너 레드스톤Sumner Redstone은 수많은 하버드 사람들의 귀감이다. 그는 2008년 미국의 유명 경제 잡지 《포브스》가 선정한 하버드 출신 억만장자의 대열에 들어섰다.

레드스톤은 어렸을 때 천부적인 재능을 갖고 있었다. 그것은 바로 철자의 배열이었다. 다른 사람이 아무렇게나 내뱉은 단어의 철자를 그는 완벽하게 얘기할 수 있었다. 그의 어머니는 그를 각종 철자 배열 대회에 참가시켰다. 레드스톤은 물론 어머니를 실망시키지 않았다. 생소한 단어를 배열하는 대회에서 순조롭게 승리를 거두고 결승까지 진출했다. 결승 전날 저녁, 그의 머릿속은 승리가 눈앞에 다가왔다는 기쁨으로 가득 차 있었다. 그는 자신이 결승 대회에서 심사위원과 수많은 관중 앞에서 최우수 단어 배열자로 불릴 것이라 상상했다. 그러나 실제 대회에서 심사위원은 그에게 'Tuberculosis(폐결핵)'이라는 단어를 배열하게 했는데 그는 얼떨결에 't-u-b-e-r-c-l-o-s-i-s'라고 말하고 말았다. 음절 하나를 빼먹은 것이었다. 이런 사소한 실수 때문에 그는 결국 탈락했다.

상심한 어머니는 아들이 실패했다는 사실을 받아들일 수 없었다. 깊은 절망이 그녀의 얼굴에 떠올랐고 눈물이 뺨을 적셨다. 어머니의 이러한 모습은 레드스톤의 마음에 깊이 새겨졌다. 어린아이였던 그는 이때 처음으로 결심을 했다. 무슨 일이 있어도 반드시 최고가 되고 말겠다고.

그때부터 그는 매일 아침 잠에서 깬 순간부터 빡빡한 일정에 따라 학습에 몰입했다. 공부 이외에 그는 그 어떤 활동도 하지 않았다. 오로지 최고가 돼야겠다는 생각이 이미 그의 마음속에 자리 잡고 있었다.

"하늘은 스스로 돕는 자를 돕는다"라는 말처럼 졸업식 날 레드스톤의 평균 점수는 학교의 300년 역사상 가장 높았다. 그리하여 그는 보스턴 라틴 학교에서 현대 라틴어 상, 고전 라틴어 상을 비롯해 벤저민 프랭클린 상을 받았다. 그리고 장학금을 받아 하버드에서 공부할 수 있는 기회를 얻었다.

하버드를 졸업한 후에도 그의 열정과 최고가 되기 위해 분투하는 정신은 그를 끊임없이 향상시켰다. 그는 한 자동차 영화관 사장에서 시작해 대담하게 사업을 확장했으며 몇 년 되지 않아 수입이 246억 달러에 달하는 미디어 제국의 리더가 됐다.

레드스톤은 한 번의 실패에서 교훈을 받아들이고 무엇을 하든지 최고가 돼야 한다는 사실을 깨닫게 됐다. 그때부터 항상 최고가 되겠다는 생각은 그의 머릿속에 깊게 뿌리박혔다. 훗날 학교에서 공부를 할 때나 사업을 할 때도 항상 이러한 결심을 품고 최고가 되기 위해 노력했다.

수많은 경쟁 분야에서 승자와 단순한 참여자의 차이는 크지 않다. 경쟁을 하는 1등과 2등은 비록 명성에는 그다지 큰 차이가 나는 것 같지 않지만 그들이 향유하는 명예와 지위에 있어서는 큰 차이가 난다. 1등은 노력을 통해 그 보답을 얻게 된 성공한 사람이고, 2등은 성공을 눈앞에 두고 놓친 실패자다. 그러므로 항상 최고가 되겠다는 신념을 갖고 이를 실현하기 위해 노력하는 사람만이 비로소 최고가 되고 최후의 승리를 얻을 수 있다.

다음 얘기에 나오는 마거릿은 항상 최고가 되고자 했고 굳은 신념과 성공을 거뒀다.

1930년대, 영국의 한 작은 마을에 마거릿이라는 이름의 여자아이가 있었다. 그녀는 어릴 때부터 엄격한 가정교육을 받았다. 아버지는 그녀가 어렸을 때부터 '무슨 일을 하든지 반드시 최고가 돼야 한다'는 생각을 심어줬다. 버스를 타도 앞줄에 서야 앉을 자리를 선택할 수 있다고 말이다. 마거릿은 아버지의 철저한 교육 덕분에 "나는 할 수 없다", "너무 어렵다"라는 말을 해본 적이 없었다. 아버지의 교육법이 상당한 효과가 있었음은 훗날 증명됐다.

어릴 때부터 아버지의 '잔혹'한 교육을 받은 덕분에 그녀는 최고가 될 수 있다는 자신감과 동력을 가질 수 있었다. 그 후로도 공부, 삶, 일에 있어서 그녀는 항상 아버지의 가르침을 잊지 않고 용감하게 전진하는 정신과 반드시 이긴다는 신념을 품었다. 무슨 일이든지 최선을 다해 노력했고, 모든 일에 최고를 고집했다.

44년 후 마거릿은 세계적으로 위대한 인물이 됐다. 그녀는 1979년에 영국 최초의 여자 수상이 됐고, 정계에서 보낸 11년 동안 '철의 여인'이라 불렸다.

사람들의 마음속에 1등과 2등의 차이가 존재함을 증명할 작은 테스트가 실행됐다. 실험자는 참가자들에게 세계에서 두 번째로 높은 봉우리가 무엇이냐고 물었다. 세계에서 최고로 높은 봉우리는 모두가 잘 알고 있어 쉽게 대답했다. 구체적인 고도에 대해서도 대부분의 사람들이 훤히 알고 있었다. 그러나 두 번째로 높은 봉우리를 알고 있는 사람은 과연 몇이나 됐을까? 두 번째로 높은 봉우리를 알아내기 위해 많은 사람들이 전문적인 조사를 했고 심지어는 이 문제를 지리학 박사과정 학생에게 묻는 사람도 있었다. 그러나 거의 아무도 제대로 대답하지 못했다. 사실 세계에서 두 번째로 높은 봉우리는 인도와 중국의 접경에 있는 고드윈오스턴 산이다. 해발고도는 에베레스트보다 불과 237미터 낮을 뿐이지만 바로 이러한 차이로 그 이름은 사람들에게 낯설게 느껴진다. 반면 세계에서 제일 높은 봉우리인 에베레스트의 이름은 세상 모든 사람들이 알고 있다.

1등은 기억하지만 2등을 기억하는 사람은 드물다. 공부를 할 때나 일을 할 때 어쩌면 당신은 1등이 되지 못할 수도 있다. 그렇지만 1등이 되겠다는 마음가짐으로 자신을 재촉하고 항상 최선을 다할 것을 스스로에게 요구해야 한다.

어느 심리학자는 "당신은 분명 당신이 상상하는 것보다 더 잘할 수 있다"라고 말했다. 당신에게 1등이 될 수 있다는 믿음만 있으면, 매일 최고의 자신이 될 수 있다면, 자신의 모든 생각을 행동으로 옮길 수 있다면, 1등이 되려는 엄격한 요구와 실천이 있다면 당신의 인생은 질적으로 크게 향상될 것이다.

17

삶의 모든 순간을
누린다는 것

많은 사람들이 행복해질 수 있는 방법은 열심히 돈을 버는 것이라 생각한다. 그리고 어느 정도로 돈이 모이면 이때부터 삶을 즐길 수 있다고 생각한다. 이들에게 일은 훗날 행복해질 준비를 하는 것이다. 과연 그럴까? 하버드의 탈 벤 샤하르 교수는 이에 반대 의견을 제시하며 다음과 같은 얘기를 들려줬다.

멕시코 만의 작은 어촌에 한 어부가 살고 있었다. 그는 매일 아침 저절로 눈이 떠질 때 일어나 바다에 나가 물고기를 몇 마리 잡았다.

그러고 나면 그는 바로 육지로 돌아왔다. 잡은 물고기는 결코 많지 않았다. 남은 시간에는 집에서 아이들과 함께 놀아주며 이웃들과 종종 즐거운 시간을 보냈다.

어느 날 한 사업가가 어부가 살고 있는 어촌에서 휴가를 보내게 됐다. 그는 온갖 풍파를 다 겪은 듯한 어부의 얼굴을 보고 물었다.

"보아하니 당신은 그다지 넉넉한 생활을 하고 있지는 않은 것 같은데 왜 물고기를 더 많이 잡지 않습니까?"

사업가의 질문에 어부는 이해가 가지 않는 듯 대답했다.

"지금 잡은 것만으로도 우리 식구가 먹고살기에는 충분하니까요. 그런데 왜 더 많이 잡아야 합니까?"

어부의 대답을 듣고 사업가는 크게 웃으며 말했다.

"지금 당신의 삶이 의미가 있어요? 당신은 물고기를 더 많이 잡게 되면 큰 배를 살 수 있습니다. 만약 당신이 원한다면 배에서 일할 사람들을 모아 더 많은 물고기를 잡을 수 있겠지요. 분명 머지않아 당신은 창업도 할 수 있을 겁니다. 그때가 되면 여유로운 삶을 누릴 수 있겠지요."

사업가의 의견에 동의할 수 없었던 어부는 그에게 물었다.

"큰 회사를 창업하려면 시간이 얼마나 걸릴까요?"

사업가는 계산을 해본 다음 대답했다.

"아마 15년 정도 걸릴 겁니다."

"아, 그렇다면 창업한 다음은요? 저는 또 무엇을 해야 할까요?"

"그런 다음에 당신은 회사를 매각하는 겁니다. 그걸로 더 많은 돈을 벌게 되면 당신은 소란스러운 대도시를 떠나 작은 어촌을 찾아 산 좋고 물 맑은 조용한 환경에서 만년을 편안히 누릴 수 있을 겁니다. 당신은 매일 가족들과 함께 편히 쉬며 게임도 하고 음악을 들으며 살 수 있습니다."

그러자 어부는 미소를 지으며 그에게 얘기했다.

"저의 지금 생활이 바로 당신이 말한 것과 똑같지 않습니까?"

사업가는 갑자기 할 말을 잃었다.

사람들은 대부분 평생 동안 사업의 성공, 가정의 행복을 위해 끊임없이 노력하고 분투한다. 그러나 결과는 그들이 바라는 것처럼 이뤄지지 않는다. 그 중 진정한 행복을 얻는 사람은 얼마 되지 않는다. 그런데도 평생 바쁘게 노력하다가 죽을 것인가? 인생이라는 여행을 진심으로 누리는 것은 여정이 끝날 때에 이르러 즐거움을 느끼지 못하는 것보다 훨씬 중요하다.

한 젊은이가 있었다. 그는 혼자서 길을 걷고 있었는데 매우 바쁜 기색이었다. 그는 걸으면서도 길가의 풍경이나 지나가는 행인을 전혀 쳐다보지 않았다. 어떤 사람이 그의 걸음을 막고 물었다.

"이보게 청년, 뭐가 그렇게 바쁜가?"

청년은 고개도 돌리지 않고 앞을 향해 뛰어가면서 말했다.

"저를 막지 마세요. 저는 행복을 찾고 있습니다."

시간은 빠르게 흘러갔고, 눈 깜짝할 사이에 20년이 지났다. 청년이었던 그는 이미 중년이 되어 있었다. 그는 여전히 어딘가 달려가고 있었다. 그때 또 누군가 그의 걸음을 막으며 물었다.

"이보게, 뭐가 그렇게 바쁜가?"

"나를 막지 마시오. 나는 행복을 찾고 있소."

그렇게 또 20년이 흘렀다. 중년이었던 그는 어느새 초췌하고 기력이 없는 노인이 됐다. 그러나 그는 여전히 열심히 앞을 향해 나아가고 있었다. 그때 누군가 그의 걸음을 막으며 물었다.

"영감님, 아직도 행복을 찾고 계신가요?"

"그렇소."

대답을 마친 노인은 갑자기 정신이 번쩍 들었다. 그 순간 두 줄기 눈물이 그의 뺨을 따라 흘러내렸다. 알고 보니 방금 그에게 질문을 한 사람은 바로 행복의 신이었다. 노인은 평생 동안 행복을 찾았지만 사실 행복의 신은 항상 그의 곁에 있었던 것이다.

삶의 진정한 의미는 행복을 느끼고 삶의 순간순간을 누리는 데 있다. 우리가 하는 모든 일은 마음의 심사를 통과해야 한다. 당신이 좋아하는 일을 하면 마음도 즐거워지기 시작할 것이고, 그러면 행복도 찾아올 것이다. 우리는 행복을 느끼는 법을 배워야 하고, 자신을 행복하게 만들 줄 알아야 한다.

18

오늘 걷지 않으면
내일은 뛰어야 한다

"오늘 걷지 않으면 내일은 뛰어야 한다."

이 문장은 학생들에게 주는 하버드대학의 격언 가운데 하나이다. 오늘 노력하지 않으면 내일은 따라잡기 위해 뛰어야 한다. 당신이 인생이라는 길에서 발걸음을 멈추고 앞으로 나아가지 않을 때도 누군가는 끊임없이 발걸음을 재촉한다. 어쩌면 그 사람은 지금은 당신 뒤에 있을지라도 발걸음을 멈추어 뒤를 돌아보면 이미 그 모습이 보이지 않을지 모른다. 당신이 멈춘 사이 그는 당신을 앞질러 나아갔기 때문이다. 이제부터는 당신이 그를 따라잡아야 하는 위치에 있다. 그러므로 당신은 걸음을 멈추지 말고 계속해서 전진하고 초월해야 한다.

하버드의 교수들은 다음과 같이 학생들을 가르친다.

"사회에 뛰어들어 어디에서든 인정받기를 원한다면 하버드에 있는 동안에 햇볕을 쬘 시간이 없어야 한다."

하버드에 널리 알려진 격언 중 하나는 바로 "추수를 끝내면 바로 가을 농사를 시작하라. 공부하고, 공부하고, 또 공부하라"이다.

찰스는 하버드대학을 졸업하고 현재 뉴욕의 한 소프트웨어 회사에서 자신이 가장 좋아하는 행정관리 업무를 맡고 있다. 그러나 어느 날 그의 회사가 프랑스 회사에 합병됐다. 합병 계약서에 사인하는 날, 회사의 새로운 경영자는 다음과 같이 선포했다.

"우리는 마음대로 구조조정을 하지는 않을 테지만 만약 여러분의 프랑스어 실력이 너무 떨어져 의사소통에 지장을 준다면 지위고하를 막론하고 회사를 떠나게 할 것입니다. 이번 주말에 프랑스어 테스트를 진행할 예정인데 합격한 사람만 회사에 남을 수 있습니다."

회의가 끝나자 많은 사람들이 급히 도서관으로 달려갔다. 이제야 그들은 비로소 프랑스어를 공부해야겠다는 생각을 한 것이다. 반면 찰스는 평소와 마찬가지로 곧장 집으로 돌아갔다. 동료들은 그가 포기한 것이라고 생각했다.

그러나 예상치 못하게 사람들이 기대하지 않았던 찰스가 가장 높은 점수를 받았다. 원래 찰스는 대학을 졸업하고 회사에 들어온 후 업무상 프랑스인과 교류할 기회가 매우 빈번했기 때문에 프랑스어를 따로 공부하고 있었다. 결국 그의 노력은 수확을 얻었다.

성공과 안일함은 결코 동시에 추구할 수 없다. "지금 잠을 자며 흘리는 침은 내일의 눈물이 된다"라는 하버드의 격언이 있다. 오늘 노력하지 않으면 내일은 반드시 후회한다. 기회와 근면은 쌍둥이 형제와도 같다. 하늘은 근면한 사람에게 기회를 주고, 기회는 근면한 사람에게 더 오래 머무른다. 성공하고 싶다면 지금 더 많은 노력을 해야 한다.

하버드에서는 오늘 걷지 않으면 내일 다른 사람을 따라잡기 위해 달려야 한다고 얘기한다. 모두가 1분 1초를 다투어 공부하며 지식을 통해 다양한 기술을 얻고 각자의 영역에서 성취를 이룬다. 이는 올림픽의 금메달 뒤에 숨겨진 땀과 같다. 하버드에서는 모든 사람들이 배움으로부터 오는 막대한 압박을 마주하고 있다.

뛰어난 인재들이 한곳에 모인 하버드 같은 곳에서는 설령 아무리 대단한 사람이라도 나태해질 수 없다.

어느 하버드 박사 연구생은 말했다.

"토요일을 제외하고 저는 한 번도 공부를 쉬어본 적이 없어요. 토요일 하루를 쉬는 것은 저의 학습 원칙이에요. 하루만 쉬면 체력을 회복할 수 있거든요."

하버드 학생들은 배움에 수많은 시간을 투자한다. 불합리한 분배로 인해 시간을 낭비하게 되면 그들은 불안감을 갖는다.

"오늘 우리가 헛되이 보낸 시간은 어제 죽은 이가 그토록 원하던 내일이었다."

하버드대 도서관 벽에 쓰여 있는 이 교훈은 오늘을 낭비하면 내일은 후회해도 소용없다는 사실을 학생들에게 일깨워준다.

신은 공평하게 우리 모두에게 24시간을 선사했다. 매일 해야 할 일의 순서를 잘 안배하고 시간을 합리적으로 이용한다면 후회할 순간은 오지 않을 것이다.

19

자기 자신을
안다는 것

괴테는 "눈빛이 예리하고 심오한 식견을 가진 사람은 자기 생각의 한계를 받아들일 수 있다. 이는 그가 완벽한 사람에 가까워졌음을 의미한다"라고 말했다. 어떤 일을 하든지 우리는 먼저 자기 자신을 인식해야 한다. 이에 대해 위대한 사상가이자 교육자인 공자는 깊은 결론을 도출했다. "다른 사람의 지혜를 아는 사람은 지혜롭고, 자신의 지혜를 아는 사람은 명철하다."

성공적인 인생은 그 사람이 자기 자신을 인식할 수 있는지 여부에 달려 있다. 아무리 똑똑한 사람이라도 자신을 분명히 인식하지 못하면 그 결과는 오로지 하나, 바로 실패다.

　산 위의 사원에 나귀 한 마리가 살고 있었다. 나귀는 매일 방앗간에서 고생스럽게 맷돌을 돌렸다. 시간이 흘러 나귀는 자신의 무미건조한 생활에 점차 싫증이 났다. 나귀는 이곳을 벗어나 바깥 세계에서 맷돌을 갈지 않고 살게 된다면 얼마나 좋을까 매일 생각했다.

　기회는 생각보다 빨리 찾아왔다. 한 승려가 짐을 싣고 오기 위해 나귀를 산 아래로 데려간 것이다. 이에 나귀는 매우 흥분했다.

　산 아래에서 승려는 물건을 나귀의 등에 지운 다음 사원으로 돌아가려 했다. 그런데 도중에 만나는 행인들마다 나귀를 보자마자 길 양쪽에 꿇어앉는 것이었다. 그들은 경건한 얼굴로 나귀에게 무릎을 꿇었다.

　처음에 나귀는 어리둥절했다. 사람들이 왜 자신에게 머리를 숙이고 무릎을 꿇는지 이해할 수가 없어 몸 둘 바를 몰랐다. 그러나 길을 가는데 계속 그런 상황이 펼쳐지자 나귀는 우쭐대기 시작했다. 나귀는 사람들이 자기를 숭배하기 때문에 그러는 것이라고 생각했다. 나귀는 지나가는 사람들을 보면 의기양양하게 길 중간에 멈춰 서서 사람들의 절을 받았고 꽤나 만족했다.

　사원으로 돌아와서도 자신의 신분이 고귀하다고 생각하게 된 나귀는 더 이상 방앗간에서 맷돌을 돌리고 싶어 하지 않았다.

　승려는 하는 수 없이 나귀를 산 아래로 놓아줬다. 나귀는 산에 내려가자마자 징을 치고 북을 울리는 사람들이 멀리서 자신을 향해 다가오는 것을 발견했다. 마음속으로 분명 사람들이 자신을 환영하러 오는 것이라 생각해 목에 힘을 주고 길거리 중간에 섰다. 사실 사람들은 신부를 맞이하러 가는 길이었다. 그래서 나귀가 길을 막고 서자 화가 나 몽둥이질을 하기 시작했다.

황급히 사원으로 돌아온 나귀는 숨을 급히 내쉬었다. 죽음을 앞에 둔 나귀는 화를 내며 승려에게 "사람들의 마음은 정말 음흉하군요. 처음에 산 아래에 내려갔을 때는 그렇게 예의를 갖춰 절을 하더니 오늘은 저를 이렇게 두들겨 패더라고요"라고 말했다.

승려는 탄식하며 "이 바보 같은 나귀야! 그날 사람들이 너에게 절을 한 이유는 네가 등에 불상을 지고 있었기 때문이야"라고 말했다.

인생 최대의 불행은 바로 평생 자기 자신을 인식하지 못하는 것이다. 가장 큰 적은 바로 자기 자신이다. 충분히 이성적으로 자신을 인식해야 비로소 문제를 극복할 수 있다.

세계적인 부호 빌 게이츠는 "세상은 당신의 자존심을 개의치 않는다. 사람들이 보는 것은 오로지 당신의 성과일 뿐이다. 당신이 아무런 성취를 이루지 못했을 때, 당신의 자존심을 과도하게 강조해서는 안 된다"라고 말했다. 비록 빌 게이츠가 하버드에서 보낸 시간은 짧은 1년에 불과했지만 그에게서는 하버드의 품격을 느낄 수 있다. 우호적이고 열정적이며 예의 바르고 함부로 잘난 체하지 않는 겸손함이 존재한다. 그는 자신이 세계적인 부호라 해서 다른 사람을 얕보지 않는다. 빌 게이츠는 "당신에게 1억 달러가 있을 때 당신은 그것이 일종의 숫자에 불과하다는 사실을 발견할 것입니다"라고 말했다. 재산이라는 외투를 벗어버린 빌 게이츠는 자신의 가장 진실한 모습을 더욱 많이 접할 수 있었다.

빌 게이츠가 하버드에서 공부하던 시절에 어느 교수가 다음과 같은 얘기를 들려줬다고 한다.

이스라엘의 초대 대통령 하임 와이즈만Chaim Weizmann은 아인슈타인의 오랜 친구로 1952년 11월 9일 세상을 떠났다. 그 전날 주미 이스라엘 대사는 아인슈타인에게 이스라엘 총리 다비드 벤구리온David Ben-Gurion의 편지를 가져왔다. 편지에는 아인슈타인을 이스라엘의 대통령 후보자로 추천하고 싶다는 내용이 담겨 있었다. 그날 밤 기자 한 명이 아인슈타인이 사는 곳에 전화를 걸어 이스라엘의 대통령으로 출마하는 것을 승낙할지 여부를 물었다.

"아니오, 저는 대통령이 될 수 없습니다"라고 아인슈타인이 말했다.

"왜 그런 말씀을 하십니까? 대통령에게는 구체적인 업무가 별로 없어요. 그 지위는 단지 일종의 상징일 뿐입니다. 선생님은 유대인으로서, 그리고 전 세계인들의 존경을 받고 있는 사람입니다. 당신이 이스라엘의 대통령을 맡는 것이 가장 적합합니다. 이는 유대민족의 위대함의 상징입니다."

"아니오, 저는 못합니다."

아인슈타인이 거절한 후 전화를 끊자마자 전화벨이 다시 울렸고, 이는 주미 이스라엘 대사였다. 그는 이렇게 물었다.

"위대한 아인슈타인 선생님, 저는 이스라엘 총리 벤구리온의 의사를 대표하고 있습니다. 한 가지 묻겠습니다. 당신은 대통령 후보로 지명되는 것을 받아들이실 겁니까?"

"대사님, 저는 자연에 대해 많은 것을 알고 있습니다. 그렇지만 사람에 대해서는 하나도 이해하지 못합니다. 저처럼 자연을 연구하는 것만 아는 사람이 어떻게 대통령을 합니까? 죄송하지만 저를 대신해 언론에 해명을 좀 해주십시오."

"선생님, 와이즈만 대통령을 기억하시지요? 그도 교수였으니 당신도 충분히 담당하실 수 있습니다."

"와이즈만과 나는 다릅니다. 그는 할 수 있었지만 저는 못합니다."

"위대하신 아인슈타인 선생님, 전 세계의 유대인, 그리고 이스라엘 국민 모두가 당신을 기다리고 있습니다!"

아인슈타인은 동포들의 호의에 큰 감동을 받았다. 그렇지만 그의 결심은 이미 확고했다. 그는 어떻게 거절하면 그들을 실망시키지 않고 난처하게 만들지 않을 수 있을까 생각하고 있었다.

얼마 지나지 않아 아인슈타인은 각 신문에 성명을 발표하기 시작했다. 이스라엘 대통령이 되어달라는 요청을 정식으로 거절한다는 것이었다. 그는 말했다.

"대통령이 되는 것은 결코 간단한 일이 아니다. 나에게는 방정식이 더 중요하다. 왜냐하면 정치는 현재의 문제를 해결하지만 방정식은 영원히 이어지는 것이기 때문이다."

얘기를 마친 교수가 모두에게 엄숙히 말했다.

"여러분, 어떤 때를 막론하고 하버드대생이라 해서 반드시 다른 사람보다 강하고, 다른 사람보다 대단할 거라 생각하지 말기를 바랍니다. 여러분은 항상 겸손한 태도를 가져야 합니다. 설령 당신이 앞으로 위대한 사람이 될지라도 내가 오늘 여러분에게 한 얘기를 기억하십시오!"

빌 게이츠는 세계적인 부호가 되어서도 교수님의 말씀을 생생하게 기억하고 있었던 것이다. 그는 우월감이 강한 사람들이 가장 어리석은 사람이라는 사실을 잘 알고 있다. 자기 자신을 정확히 바라봐야 비로소 진정으로 자신을 인식할 수 있고, 길고 긴 인생에서 끊임없이 성장해나갈 수 있다.

복잡한 사회를 살아가면서 우리는 타인의 시선과 견해에 영향을 받기 쉽다. 게다가 우리는 자기 내면의 욕망과 관념에 지배되고 있다. 이렇듯 대부분 객관적으로 자신을 평가하고 진정으로 자신을 이해하기란 어려운 일이다. 마찬가지로 자신에게 가장 적합한 길을 선택하는 것도 매우 어렵다.

"사람은 자기 자신을 아는 지혜를 갖고 있기 때문에 귀하다"라는 말을 통해 우리는 자기 자신을 인식하는 일이 얼마나 어렵고 대단한 일인지 짐작할 수 있다. '자기 자신을 아는 지혜'란 자신이 갖고 있는 소질, 잠재력, 장점, 결점이나 경험 등 각종 기본적인 요소를 정확히 인식하는 것이다. 그리고 동시에 사회생활과 삶에서 맡은 역할과 명확한 위치를 파악하는 것이 필요하다는 사실을 뜻한다. 이렇게 자신을 정확히 이해하는 능력을 심리학에서는 '자각'이라 부른다. 일반적으로 자신의 감정이 말과 행동에 끼치는 영향을 발견하는 것, 자신의 자질과 능력, 그리고 한계를 확실하게 평가하는 것, 자신의 가치와 능력을 믿는 것 등이 포함된다.

자신의 능력을 정확히 아는 사람이 있다면 그는 타인 앞에서 자신의 장점을 나타낼 수 있다. 동시에 자신의 결점이 드러날까 두려워하지 않는다. 다른 사람에게 자신의 결점을 솔직하게 인정하고 겸허한 마음으로 가르침을 구한다. 이렇게 다른 사람이 자신을 얕보지 않게 할 뿐만 아니라 오히려 자신의 겸허함과 자신감을 드러냄으로써 다른 사람의 호감과 존중을 얻는다. 반면 자기 능력을 확실히 알지 못하는 사람은 자신에게 주어진 범위 안에서 안일하게 살아가는 우물 안 개구리나 다름없다. "뛰는 놈 위에 나는 놈 있다"라는 말을 이해하지 못하면 자신을 정확하게 분석하기란 어렵다. 다른 사람보다 뛰어난 부분이 있다고 해서 안하무인격으로 행동하지 말자. 영원히 확고한 위치를 차지할 수 있는 사람은 없다는 사실을 명심해야 한다.

20

하루하루는
완전히 독립된 오늘이다

우리에게 내일은 미지의 날이다. 내일 어떤 일이 벌어질지 우리는 전혀 알 수 없다. 그러므로 내일을 걱정하지 마라. 어차피 예측할 수 없기 때문에 걱정해도 방법이 없다. 내일을 두려워하지 마라. 우리는 내일을 주관할 수 없기 때문에 두려워해도 이를 해결할 방법이 없다. 성경의 『마태복음』 6장 34절에는 "그러므로 내일 일을 위하여 염려하지 말라, 내일 일은 내일 염려할 것이요 한 날의 괴로움은 그날로 족하니라"라는 말씀이 있다.

시간을 편도열차에 비유한다면 우리는 이 열차에 타고 있는 갈 길

바쁜 나그네다. 우리가 앞날만 생각한다면 과연 현재가 우리에게 무슨 의미가 있겠는가? 인생의 여정에는 잠시 머물 수 있는 역이 무수히 존재한다. 짐을 갖고 있다면 등에 메야 할 순간에 다시 메면 된다. 지금 당장 메지 않아도 될 짐을 굳이 서둘러 멜 필요는 없다. 우리는 슈퍼맨이 아니기 때문에 체력 조절을 해야 한다. 내일의 문제를 오늘 해결하려고 시도하는 것은 현명하지 못할 뿐 아니라 불가능한 일이다.

내일을 위한 걱정은 오늘의 삶에 쓸데없는 고충을 더한다. 또한 까닭 없이 오늘을 살아가는 마음을 더 무겁게 만든다.

한 철학자가 황량한 길을 걸어가다가 오래전에 폐허가 된 도시를 발견했다. 도시는 황폐해졌지만 여기저기서 과거의 찬란한 풍채를 엿볼 수 있었다. 철학자는 그곳에서 쉬어가려고 어느 석조 밑에 자리를 잡았다. 그는 담배에 불을 붙이고 역사에서 도태된 성벽을 바라봤다. 과거를 상상하니 참을 수 없는 한탄이 흘러나왔다. 그러자 갑자기 누군가 말을 걸었다.

"선생, 당신은 왜 한탄하고 있소!"

사방을 둘러보았지만 아무도 보이지 않았다. 철학자는 의아하게 생각했다.

잠시 후 그는 또 그 목소리를 들었다. 그는 자신이 앉아 있던 석조를 자세히 살펴보기 시작했다. 알고 보니 그것은 '두 얼굴을 가진 신'

을 조각한 석조였다. 그것이 신상이라는 사실을 몰랐던 철학자는 호기심에 물었다.

"당신은 왜 두 개의 얼굴을 갖고 있습니까?"

신상은 "두 개의 얼굴을 갖고 있기 때문에 나는 과거를 바라보며 교훈을 수용하는 동시에 앞날을 내다보며 아름다운 미래의 청사진을 그려낼 수 있소"라고 대답했다.

철학자는 신상의 대답에 이렇게 말했다.

"과거는 현재가 흘러간 것에 불과합니다. 잡을 수 없는 것이지요. 그리고 미래는 현재의 연속입니다. 지금 아무리 노력해도 얻을 수 없지요. 현재를 충분히 파악하지 않으면 설령 당신이 과거에 대해 훤히 알고 있고 미래를 통찰하는 선견이 있다 하더라도 구체적이고 실질적인 의미가 없지 않습니까?"

철학자의 말을 듣고 두 얼굴을 가진 신상은 목이 메어 울며 말했다.

"선생, 당신의 말을 듣고 나는 오늘에서야 깨달았소. 내가 왜 오늘날과 같은 결말을 맞이하게 되었는지."

철학자가 "왜 그렇게 된 것입니까?"라고 묻자 신상은 이렇게 대답했다.

"오래전에 내가 이 도시를 지킬 때, 나는 한 얼굴로는 과거를 볼 수 있고 다른 한 얼굴로는 미래를 내다볼 수 있다고 자만했소. 그래서 현재라는 순간을 충분히 이용하지 못했소. 그 결과 적들이 도시를 공격해왔고 아름답고 찬란한 모든 것이 사라졌소. 그래서 나도 사람들에게 버림받고 이러한 폐허 속에 있는 것이오."

현재 하고 있는 일을 제대로 파악하고 잘해내야 비로소 미래에 좋은 결과를 얻을 수 있다. 그렇지 않고 미래를 공상하기만 한다면 어떠한 보답도 받지 못한다.

소중한 하루하루를 충실하고 의미 있게 보내는 것이 우리의 의무다. 그러면 우리는 반드시 눈부신 희망이 비치는 미래를 향해 나아갈 수 있다.

1880년 어느 따스하고 평온한 날 밤, 윌리엄 오슬러는 하버드에서 강연을 하고 있었다. 어느 곳에나 튤립향이 가득한 아름다운 교정을 바라보던 그는 학생들에게 따스한 눈길로 미소를 지으며 말했다.

"여러 명문 학교에 초빙된 교수가 있었습니다. 그가 출간한 책은 많은 사람들에게 사랑을 받았습니다. 또한 그가 명석함을 증명하기에 충분했습니다. 그러나 그의 친구들은 그의 명석함을 결코 인정하지 않았고 오히려 그가 매우 느린 사람이라고 생각했습니다. 여러분은 그런 사람이 어떻게 그토록 자랑스러운 성과를 얻을 수 있었는지 묻고 싶을지도 모릅니다. 사실 그것은 그가 '완전히 독립된 오늘'을 살았기 때문입니다. 그렇다면 '완전히 독립된 오늘'이란 무슨 뜻일까요? 그것은 바로 최단 시간에 오늘 할 일을 완성하는 것입니다. 그는 하버드에서 강연하기 위해 매우 큰 규모의 외항선을 타고 대서양을 건넜습니다. 그는 조종실에서 선장이 가볍게 버튼을 누르는 것을 보았습니다. 그러자 배는 경쾌하게 움직이기 시작했고 배 전체는 몇 개의 독립된 방수 격창으로 변했습니다."

그는 잠시 말을 멈추었다가 호소력을 지닌 목소리로 다시 말했다.

"사실 우리의 신체 구조는 그 외항선과 비교했을 때 훨씬 정교합니다. 그리고 가야 할 여정도 훨씬 멀지요. 제가 얘기하고 싶은 것은 우리는 어떤 때든지 자신의 몸을 잘 관리하고 그 배처럼 절대적인 독립을 유지해야 비로소 안전한 여정을 보장받을 수 있다는 것입니다. 조종실에 들어간다면 여러분은 모든 격창이 각각 고유의 작용을 하고 있다는 사실을 알게 될 것입니다. 여러분은 반드시 살아가는 동안 생길 수 있는 사소한 일에 주의를 기울여야 합니다. 이미 지나가버린 어제뿐만 아니라 아직 오지 않은 내일도 확실히 차단해야 합니다. 그리고 오늘이라는 시간과 당신이 가진 모든 장점을 활용해야 내일이 다가왔을 때 비로소 빛나는 성취를 이룰 수 있습니다. 만약 불필요한 생각을 하면서 어제를 걱정하고 내일을 두려워한다면 우리의 오늘은 분명 부질없이 지나갈 것입니다. 그러므로 저는 여러분이 지금부터라도 내일을 걱정하지 말고 오늘을 위해 시간을 효율적으로 사용하는 좋은 습관을 가지기를 바랍니다."

오슬러의 강연을 들은 학생들은 모두 큰 감동을 받았다. 그들은 미소를 띤 얼굴로 그를 바라봤다. 이 광경을 본 오슬러는 이어서 얘기했다.

"학생 여러분, 여러분의 열정과 지혜를 오늘 최대한 발휘하십시오. 오늘 여러분의 모든 것을 드러냈음을 증명하십시오! 지금 자신이 할 수 있는 일에 최대한의 능력을 발휘하면 여러분은 누구나 부러워할 만한 남다른 미래를 손에 넣을 수 있을 것입니다."

많은 사람들이 과도한 걱정이라는 심리적인 질병을 앓고 있다. 그들은 항상 이것저것 걱정하고 아직 일어나지도 않은 일에 초조하고 불안해하느라 시간을 낭비한다. 사실 그들의 걱정은 자신감이 없기 때문에 생겨나는 것이다. 그들은 실패를 마주하는 것을 두려워하고, 사전에 대책을 세워두면 자신이 걱정하는 일을 피할 수 있다고 생각한다. 그러나 현실은 항상 변한다. 제아무리 주도면밀한 대책을 세웠어도 결국에는 실패할 수도 있다. 시간의 변화는 상황도 바꿀 수 있기 때문이다. 알 수 없는 미래를 걱정하느라 시간을 낭비하는 것보다는 현재를 확실하게 파악하는 편이 훨씬 낫다.

4장

U

성공은
한 걸음에
도달할 수 없다

항상 조금이라도 베푸는 사람은 다른 사
람의 감동을 얻는다.

윌리엄 제임스, 심리학자, 하버드대학 졸업

21

고난은 성장의
필수 과정이다

　사람의 성장과 성숙은 길고 긴 과정이다. 그러므로 최후에 승리할 수 있을지 여부를 일시적인 등수로 판단해서는 안 된다. 길고 긴 인생을 살아가며 얼마나 진창을 경험하고 성숙했는지를 봐야 한다. 하버드의 졸업 강연에서 어느 법학과 학생이 자신의 성장에 대한 얘기를 들려줬다.

　시험성적이 항상 짝꿍보다 떨어지는 아이가 있었다. 아이는 정말 궁금했다. 똑같이 열심히 수업을 듣고 과제도 하는데 왜 시험만 보면 짝꿍은 항상 1등이고 나는 늘 뒤처지는 것일까?

그래서 매번 시험이 끝나면 그는 어머니에게 물었다.

"엄마, 나는 다른 사람보다 바보인 걸까요? 나도 짝꿍처럼 열심히 공부하는데 왜 나는 항상 그 애보다 뒤처지는 걸까요?"

어머니는 억울해하는 아이의 눈을 바라봤다. 아들에게 자존심이 생기기 시작했다는 사실을 알 수 있었다. 학교에서의 등수가 그의 자존심에 상처를 입힌 것이었다. 어머니는 어떻게 대답해야 좋을지 알 수 없었다.

그 후 아들은 또 시험을 봤다. 이 시험에서도 아들은 20등이었는데 짝꿍은 여전히 1등이었다. 집에 돌아온 아들은 다시 똑같은 질문을 했다. 어머니는 아들에게 대답해주고 싶은 마음이 굴뚝같았다. 사람은 저마다 지능지수가 다르다고, 1등을 한 아이는 분명 너보다 똑똑하기 때문일 거라고 말이다. 그러나 어머니는 자신의 생각을 차마 입 밖으로 낼 수 없었다. 아들이 납득하기 어려울 것이라 생각했다. 그녀는 침묵할 수 밖에 없었다.

아들은 매 학기마다 똑같은 질문을 했다. 도대체 어떻게 해야 아들의 질문에 대답을 해줄 수 있을까? 어머니는 다른 부모들처럼 "네가 너무 노는 것만 좋아하니까 그렇지. 공부에 많은 시간을 투자하지 않잖니, 다른 애들보다 노력을 덜 하니까 그렇지"라는 대답을 해주려고 고민한 적도 있었다. 그렇게 대답해주고 아들의 질문을 떨쳐버리고 싶었다. 그러나 그녀의 아들처럼 머리가 좋지 않고 성적도 뛰어나지 않은 아이는 분명 평소에 다른 아이들보다 힘들게 공부하고 있을 터였다. 어머니는 아들을 위해 질문에 대한 완벽한 답을 찾을 수 있기를 바랐다.

아들은 초등학교를 졸업했다. 그는 매일 노력하고 노력했지만 여전히 짝꿍을 따라잡을 수 없었다. 그러나 과거에 비해 아들의 성적은 훨씬 향상됐다. 아들의 기운을 북돋기 위해 어머니는 아들을 바닷가에 데려갔다. 해변을 산책하면서 그녀는 아들이 몇 년간 계속해서 물어봤던 문제에 대답하기로 결심했다.

어머니와 아들은 해변의 모래사장에 앉았다. 그리고 어머니가 바다를 가리키며 말했다.

"저기 해변에 먹이를 두고 다투고 있는 새들을 보렴. 파도가 칠 때마다 작은 피리새는 신속하게 피하지. 피리새들은 두세 번 날갯짓을 하면 재빨리 하늘로 날아오를 수 있단다. 하지만 갈매기는 상당히 굼뜨기 때문에 하늘로 날아오르려면 꽤나 시간이 걸리지. 그런데 실제로 넓은 바다를 건너는 것은 바로 갈매기들이란다."

사람과 사람 사이에는 원래 천성적인 차이가 존재한다. 이는 변하지 않는 사실이다. 사람의 성장과 성숙은 길고 긴 경쟁이다. 최후에 승리할 수 있을지 여부는 일시적인 등수가 아닌 그동안 쌓아온 경험과 성장 과정을 봐야 한다. 수많은 비바람을 견뎌낸 날개야말로 더욱 힘 있고 높게 그리고 멀리 날 수 있다.

다른 사람에게 자신보다 뛰어난 부분이 있다고 질투하지 마라. 당신이 하늘의 특별한 사랑을 받지 못했다 해도 삶을 불평하지 마라. 하늘은 결코 당신에게 평탄한 길을 주지 않는다는 사실을 기억해야 한다. 이는 당신을 단련시켜 더욱 성숙한 사람이 되게 하고 미래의 성공을 위한 기초를 다지게 한다.

미국 서부의 어느 작은 마을에 나이든 할아버지가 운영하는 가구점이 있었다. 목수 출신인 할아버지는 판매하는 가구를 직접 만들었다. 당시 마을에는 몇 개의 가구점이 있었는데 할아버지의 가구가 제일 품질이 좋았기 때문에 모두들 할아버지의 가게에서 가구를 구입했다. 그러나 손자는 다른 가게의 가구도 모두 디자인은 비슷비슷한데 사람들이 왜 굳이 할아버지의 가게에서 가구를 구입하는지 도무지 알 수 없었다. 손자는 궁금함을 참지 못하고 할아버지에게 물었다.

"왜 마을 사람들은 모두 우리 가게에서 가구를 사가는 걸까요? 게다가 다들 우리 가구가 좋다고 얘기하고요."

할아버지는 알 수 없는 미소를 지으며 말했다.

"내일 너한테 답을 보여주마."

다음 날 이른 아침, 하늘이 조금씩 밝아올 무렵 할아버지는 손자를 깨웠다. 할아버지는 진즉에 달구지를 준비하고 톱을 실어놓은 상태였다. 손자는 할아버지가 산에 나무를 베러 가는 것이라는 사실을 잘 알고 있었다. 10여 킬로미터를 지나 그들은 목적지에 도착했다. 그곳은 결코 높지 않은 산기슭 아래였다.

할아버지는 달구지를 산기슭에 묶어놓고 손자를 데리고 계속해서 산 정상을 향해 올라갔다. 손자는 호기심에 물었다.

"산기슭에도 저렇게 나무가 많은데 왜 산 정상까지 올라가야 하나요? 헛수고만 하는 것 같아요."

할아버지는 웃으면서 손가락으로 몇 그루의 나무를 가리키며 말했다.

"한번 안아보거라. 저 나무들이 얼마나 튼튼한 것 같니?"

손자는 일곱 살이라 할아버지가 하는 말의 의미를 알 수 없었다. 그래도 두 팔을 뻗어 몇 그루의 나무를 안아봤다. 분명 나무들은 튼튼해 보이기는 했지만 직접 안아보니 생각보다 쉽게 안을 수 있었다. 산 정상에 올라 할아버지는 다시 손자에게 가장자리의 나무 몇 그루를 안아보라고 했다. 그러나 이곳의 나무를 안기에는 소년의 두 팔이 모자랐다. 손자는 산 정상의 나무가 산기슭의 나무보다 훨씬 튼튼하다는 사실을 비로소 깨달았다.

"산 정상의 나무들은 튼튼할 뿐만 아니라 속도 실해서 가구를 만들면 매우 단단하고 오래 쓸 수 있단다."

할아버지가 톱질을 하며 손자에게 설명해줬다.

"다 똑같은 나무인데 왜 산기슭과 산 정상의 나무는 왜 이렇게 차이가 나나요?"

궁금증이 더욱 깊어진 손자는 계속해서 할아버지에게 물었다. 그러자 할아버지는 손에 잡았던 일을 놓고 이마의 땀방울을 닦으며 북쪽을 가리켰다.

"봐라, 산 북쪽에 뭐가 있느냐?"

손자는 할아버지의 손가락이 가리키는 방향을 따라 눈을 돌렸다. 넓게 펼쳐진 하늘 외에는 아무것도 없었다. 손자는 고개를 저으며 대답했다.

"아무것도 없는데요!"

할아버지는 두 팔을 휘두르며 북쪽을 가리키며 말했다.

"있단다. 게다가 아주 크지. 그것은 바로 북쪽에서 불어오는 강풍과 시베리아에서 오는 한파란다."

한 손을 허리에 대고 다른 한 손은 먼 곳을 가리키는 할아버지는 마치 위대한 지휘자 같았다.

"그게 바람이나 한파랑 무슨 상관이 있는데요?"

손자의 의문은 더욱 커졌다.

"물론 관계가 있고말고. 1년 내내 비바람을 맞으며 성장한 나무는 다른 나무보다 생명력이 훨씬 강하거든! 그런 나무들은 뿌리가 발달해야 하기 때문에 토양에서 훨씬 많은 양분을 흡수한단다. 그러니 자연스레 튼튼해지지."

할아버지는 몸을 돌려 남쪽의 산기슭을 가리키며 계속 얘기했다.

"다시 산기슭의 나무들을 보렴. 큰 산이 한파와 강풍의 침입을 막아주니 그것들은 혹독한 환경의 영향을 받지 않는단다. 가지에서 뿌리에 이르기까지 단련이 되지 않기 때문에 연약하고 작지. 만약 저런 나무로 가구를 만들면 쉽게 부서지거나 벌레 먹는단다."

할아버지의 설명을 다 듣고 손자는 큰 깨달음을 얻었다.

성공하기 위해서는 반드시 고통을 거쳐야 한다. 성공은 결코 쉽게 찾아오지 않는다. 산기슭의 나무처럼 비바람의 연마를 겪지 않으면 강해질 수 없다.

22

낮출수록 커지는
겸손의 힘

"겸손은 사람을 발전시키고 교만은 사람을 낙오시킨다"라는 말이 있다. 인류 역사상 겸손은 언제나 미덕의 일종으로 여겨졌고, 사람이 이룩하는 위업의 주춧돌이 됐다. 공자는 "사람 셋이 길을 가면 그 중에는 반드시 스승이 있다. 자기보다 아랫사람에게 물어보는 것을 부끄럽게 생각하면 안 된다"라고 얘기했다. 즉, 공자는 반드시 누군가로부터 어떤 방면에서든지 자신에게 필요한 것을 배울 수 있다고 생각한 것이다. 동서고금을 막론하고 수많은 명인과 대가는 설령 명성이 널리 알려졌다 해도 스스로 위인을 자처하지 않았고 항상 겸손한 태도를 유지했다. 그런데 우리 같은 보통 사람이 어떻게 겸손하지 않을 수 있을까?

아인슈타인은 생전에 물리학계에 지대한 공헌을 했다. 이에 명성이 널리 알려졌으며 사람들의 존경을 받았다. 그 당시 뉴욕 강가의 교회에 설치된 세계의 위대한 학자 조각상 중에서 살아있는 사람으로는 유일하게 아인슈타인이 선정됐다. 그러나 그는 결코 명예에 이성을 잃지 않고 항상 겸손한 태도로 다른 사람들을 대했다. 많은 사람이 그를 우상처럼 숭배했지만 아인슈타인은 이를 전혀 이해할 수 없었다. 그는 칭찬 일색인 언론 매체의 평가를 매우 싫어했다. 그를 더욱 참을 수 없게 만드는 것은 기자, 화가, 조각가라는 무리들이 찾아와 사진을 찍고, 초상화를 그리며, 조각을 하는 것이었다.

아인슈타인은 다른 사람들이 생각하는 것처럼 자신이 대단한 사람이라 여긴 적이 없었다. 그의 머릿속에는 오로지 한 가지 명확한 인식이 있었다. 자신이 가는 길은 예전 사람들이 걸어온 길의 연장이며 과학의 신시대는 앞서 살았던 사람들이 개척해놓은 기초를 바탕으로 이뤄진 것이라는 인식이었다. 그렇기 때문에 그는 앞선 사람들의 공헌을 높이 평가하며 항상 존경과 감사의 마음을 품고 있었다. 그는 과학이라는 길 위에서 수많은 사람이 함께 분투하고 있으며 각자 자신이 해야 할 역할을 하고 있다는 사실을 잘 알고 있었기 때문에 동료들의 일을 존중했다. 그래서 설령 자신의 아랫사람이나 학생을 대할 때도 오만한 태도를 보인 적이 없었다. 그를 만나본 사람 중에 그의 상냥하고 친근한 태도와 사람들을 동등하게 대하는 태도에 감동을 받지 않는 사람이 없었다.

그는 과학 공식뿐만 아니라 'a=x+y+z'라는 성공 공식을 도출했다. 여기서 a는 성공을 의미하고 x는 고생스러운 노력을, y는 확실한 방법, z는 공론을 삼가는 것을 의미한다. 이렇게 여러 분야에서 존경을 받았음에도 그는 자신을 천재라고 생각해본 적이 없으며 스스로를 충실하고 근면한 진리의 추종자에 불과하다고 생각했다.

겸손은 일종의 미덕이다. 아인슈타인의 성공과 겸손한 태도는 밀접한 관계가 있다. 겸손한 태도 덕분에 그는 세상 사람들의 존중과 존경을 더 많이 받았다.

하버드의 두웨이밍杜維明 교수는 학생들에게 늘 겸손함을 알아야 한다고 얘기했다. 그는 학생들에게 "사실 사람은 누구나 평등하고 자신만의 수준을 갖고 있다. 만약 당신이 계속해서 당신의 수준을 무조건 끌어올리려고만 한다면 영원히 자신과 타인의 수준이 어느 정도인지 알지 못할 것이다. 이를 진정으로 이해해야 당신은 비로소 뛰어난 사람이 될 수 있다"라고 강조했다. 두웨이밍은 중국역사학을 전문으로 연구한 교수로 유머러스하고 정직한 사람이다. 학생들은 그의 수업과 그와의 교류를 매우 좋아했다. 그는 종종 학생들에게 마셜 장군에 대한 얘기를 들려줬다.

1944년, 연합군 최고 지휘관 조지 마셜George Marshall의 지휘 아래 미영

연합군은 프랑스의 노르망디에 성공적으로 상륙했고 유럽 전체의 전세는 역전됐다. 이어진 전투에서 마셜은 후방에서 전략을 세우며 미국 부대를 지휘해 세계적인 전쟁에서 연이은 승리를 거뒀다.

마셜의 탁월한 공적을 장려하기 위해 미국 정부는 그에게 '육군 원사'라는 직함을 수여하기로 결정했다. 이는 미국 군인이 얻을 수 있는 가장 높은 명예였다. 그러나 놀랍게도 마셜은 완고하게 이를 거절했다. 그는 "당신들이 앞으로 나를 육군 원사라고 부를 것을 생각하면 마음이 거북하군요"라고 솔직하게 말했다.

사실 마셜이 원사라는 직함을 거절한 진정한 이유는 바로 1차 세계 대전에서 미국 원정군의 사령을 맡았던 퍼싱 대장 때문이었다. 그야말로 미국에서 최고로 뛰어난 군인이라고 생각했던 것이다. 만약 원사라는 명예를 받아들이면 그의 계급은 퍼싱보다 높아지게 된다. 결국 그는 '육군 원사'라는 칭호를 거절함으로써 퍼싱 대장에 대한 존경을 나타낸 것이다. 동시에 사람들은 마셜의 겸손한 인격을 진정으로 인정하게 됐다.

사실 퍼싱 대장도 계속해서 마셜의 능력을 인정했고 몇 차례나 그를 발탁했다. 그는 마셜에게 "조지, 나를 믿게. 언젠가 자네는 4성급 대장이 될 걸세"라고 말한 적이 있었다. 마셜은 "미국에서 4성급 대장이 될 자격이 있는 사람은 오로지 당신뿐입니다. 다른 사람에게는 그러할 자격이 없습니다!"라고 겸손하게 대답했다

마셜이 육군 원사 직함을 거절한 후 미국 정부는 마셜에 대한 존경

4장 성공은 한 걸음에 도달할 수 없다

을 표하기 위해 원사라는 직함 자체를 취소해버렸다. 비록 마셜은 항상 겸허하고 자신을 낮추는 태도를 유지했지만 그렇다고 해서 그의 인격적인 매력과 출중한 군사 능력이 감춰지지는 못했다.

미국의 저명한 작가 에릭 세버라이드Eric Sevareid는 다음과 같이 얘기했다.

"조지 마셜은 평범한 사람을 뛰어넘는 판단력과 탁월한 지도력을 갖고 있었다. 그와 같은 군인은 권력을 상징하는 원사라는 꼬리표가 필요하지 않다."

결국 마셜은 미국이 특별히 제정한 '5성장군'이라는 직함을 수여받게 됐다. 미국 군인이 얻을 수 있는 최고의 영예를 얻은 셈이다.

사실 겸손 그 자체가 아니라 겸손을 계속 유지하는 일이 더 어렵다. 대부분의 사람들은 성공을 이루고 나면 바로 겸손을 잊어버리고 잘난 척하기 시작한다. 비록 그들이 제아무리 명품을 걸치고 고급 차를 소유했다 하더라도 과거 가난했던 시절의 겸손을 잃는다면 겸손으로부터 뿜어져 나오는 매력적인 모습은 찾을 수 없을 것이다.

진정으로 성공한 사람은 덮어놓고 타인의 공로를 가로채려 하지 않는다. 그들은 겸손을 유지하는 것이야말로 더 큰 성공을 이루는 것이라는 사실을 잘 알고 있기 때문이다.

23

당신이 손해를 본 만큼
보상이 돌아온다

전해지는 말에 의하면 인생에는 세 가지 복이 있다고 한다. 그것은 바로 '평안의 복, 건강의 복, 손해의 복'이다. 손해의 복은 인류의 지혜와 삶에서 우러나오는 경험의 총체라 할 수 있다. 그러나 현대사회에서는 꼭 그렇다고는 할 수 없다. 사람들이 다들 똑똑하고 영리해서 손해를 원하는 사람은 없다. 오늘날 손해의 복은 마치 과도하게 성실한 사람의 투지를 상실하게 하고 다른 사람 맘대로 좌우되게 마비시키는 것으로 여겨진다. 그나마 다행인 것은 여전히 손해가 복이라고 생각하는 사람들이 있다는 사실이다. 손해를 볼 줄 아는 사람은 인간으로서 일종의 경지에 오른 것이라 할 수 있다. 손해를 볼 줄 아는 것은 일을 처리하는 지혜의 일종이다. 신은 공평하다. 그러므로 당신이 어느 부분에서 손해를 보면 반드시 언젠가 다른 방면에 그 보상을 얻게 된다. 그러므로 손해를 복이라 하는 것은 '공평하고 합리적인 인심'의 필연적인 결과다. 당신이 이것을 이해하면 분명 성공은 가까이에 있을 것이다.

휴스턴은 서른다섯 살이 되었을 때 스투어 시의 번화가에 가게를 빌려 과일 도매업을 할 준비를 했다. 이때 그는 난생처음으로 거금을 투자했다. 과거 7년간 휴스턴은 작은 회사의 창고 관리인이었고 한 번도 장사를 해본 적이 없었다. 그러나 그는 평생 다른 사람 밑에서 일하는 것이 싫었고 자신이 사장이 되어 사업을 하고 싶었다.

휴스턴의 과일 도매업은 굉장히 색달랐다. 그가 판매하는 과일은 모두 평균 가격이 시 전체에서 가장 저렴했다. 비록 품질이 좋은 물건을 싼 가격에 판매하는 것이 드문 일은 아니지만 놀라운 사실은 휴스턴은 이윤을 전혀 남기지 않고 모든 과일을 판매했다는 것이다. 그가 판매하는 과일의 도매가는 업계에서 제일 저렴했다. 이에 휴스턴은 돈을 한 푼도 벌지 못한 채 매월 임대료와 수도세 및 전기료 등의 비용을 지불해야 했다.

휴스턴의 독특한 장사 방법은 업계에 빠르게 퍼져나가 동료들과 친구들의 비웃음과 호기심을 샀다. 사람들은 휴스턴 역시 경험이 없다보니 이렇게 바보 같은 장사를 하는 것이라고 얘기했다. 사람들에게 호기심과 비웃음을 받으면서도 휴스턴은 해명을 하지 않았고 시종일관 이윤을 남기지 않는 과일 장사를 계속했다. 더욱 놀라운 사실은 그 후 휴스턴은 자신이 7년간 일하면서 모은 돈을 전부 투자해 스투어 시의 액세서리 가공업과 의류 드라이클리닝에까지 사업을 확장했다는 것이다. 게다가 여전히 이윤을 남기지 않는 경영 정책을 고수하고 있었다.

사람들이 보기에 휴스턴은 분명 정신적으로 문제가 있는 사람이었다. 그렇지 않고서야 바보처럼 이윤을 남기지 않는 장사를 계속할 리가 없었다. 비록 과일 도매에서 액세서리 가공업과 의류 드라이클리닝에 이르기까지 휴스턴의 가게는 손님이 가장 많고 장사가 잘 되는 가게였지만 분명 그 배후에는 막대한 손해를 보고 있음이 명백했다. 많은 사람이 그가 가게 경영을 오랫동안 유지하기는 어려울 것이라 예측했다.

사람들의 예상대로 휴스턴은 1년 후에 자신의 모든 사업을 접고 가게 문을 닫았다. 그런 다음 휴스턴은 신속하게 자금을 조달해 새로운 가게를 열었다. 이번에는 중국 비단 가게를 경영했다. 이는 스튜어 시 전체에서 유일한 가게였다. 휴스턴은 드디어 이윤을 남기는 장사를 하기 시작했다.

이번에는 휴스턴을 보고 아무도 비웃지 않았다. 개업 초기에 아름다운 중국 비단은 고객들의 주목을 받았다. 게다가 종류도 다양하고 품질도 우수해서 휴스턴의 비단 장사는 날로 번창했다. 반년이 채 되지 않아 그의 이름을 건 지점이 다섯 개에 달했고 장사도 매우 성행했다. 사업의 기회를 포착한 사람들은 휴스턴의 비단 장사가 잘 되는 것을 보고 비슷한 가게를 열었다. 그러나 그들은 한 가지 기묘한 현상을 발견했다. 그것은 거의 모든 손님이 휴스턴의 가게에서 비단을 구매하고 다른 가게를 찾는 경우는 드물다는 것이었다. 어쩔 수 없이 그들은 부랴부랴 장사를 접을 수밖에 없었다.

사람들은 모두 휴스턴이 운이 좋았다고 생각했다. '일을 성사시키기에는 뭔가 부족하고, 일을 망치기에는 뭔가 남는 사람'인 휴스턴이 중국 비단을 팔기 시작하면서 재물운이 따라주기 시작한 것이라고 말이다. 사람들은 이를 "소가 뒷걸음치다 쥐 잡은 격"이라고 생각했다. 그러나 사실 휴스턴은 자신의 성공이 결코 그들이 말하는 '행운'이 아니라는 것을 명백히 알고 있었다. 처음에 장사를 시작하기로 결정했을 때 휴스턴이 정말 원하던 것은 중국 비단 사업이었다. 그러나 그는 당시 중국의 비단이 스투어 시 사람들의 관심을 받지 못한다는 사실을 확실히 알고 있었다. 상품의 품질과 가격만으로 승부하기에는 역부족이라 생각한 그는 반드시 자신만의 개인 브랜드를 만들어 내야 한다고 생각했다. 과일 도매 장사, 액세서리 가공업, 의류 드라이클리닝 등의 이윤 제로 경영은 사람들의 인지도와 호감을 얻기 위한 일종의 수단이었던 것이다. 시간이 흐르자 소비자들의 마음속에는 '휴스턴이 판매하는 물건은 가격도 싸고 물건도 좋다'라는 인식이 형성됐다. 업계 사람들의 입장에서 보면 휴스턴의 '이윤 제로'의 배후에는 계속되는 손실이 있었다. 그러나 이윤 제로 경영 전략 덕분에 '휴스턴'이라는 세 글자는 소비자들의 인식 속에 가장 실용적인 브랜드의 대명사가 됐다.

겉으로 보기에 휴스턴의 이윤 제로 경영 방식은 바보 같고 어리석다. 그러나 자세히 생각해보면 그 이면에 숨겨진 휴스턴의 절묘한 전략을 발견할 수 있을 것이다. 당장의 손실은 일시적인 것이지만 개인 브랜드의 이미지와 실질적인 효과는 영원하다.

휴스턴의 얘기는 우리에게 다음과 같은 사실을 알려준다. 멀리 내다보고 눈앞의 사소한 손해를 지나치게 따지지 말아야 비로소 훗날 더 큰 이익을 얻을 수 있다는 사실을 말이다.

많은 사람들이 자신의 이익만 생각하고 혹시 다른 사람이 자신의 이익을 빼앗아가지 않을까 걱정한다. 그리고 일단 자신이 손해를 보게 되면 그들은 모든 방법을 동원해 자기 이익을 뺏기지 않고자 한다. 자기 이익을 과도하게 신경 쓰느라 항상 다른 사람을 경계하고, 이것저것 의심하며 지나치게 따진다. 이러한 상황이 오래 지속되면 사람들은 그를 멀리하고 성공 역시 그들에게서 갈수록 멀어진다.

하버드의 교수들은 다음과 같이 학생들을 교육한다. 기꺼이 손해를 보고 다른 사람에게 이익을 주는 사람은 자신의 의지를 단련할 수 있으며 더 큰 존경을 받는다고 말이다.

다른 사람에게 이익을 주고 자신은 손해를 보는 것, 이는 마치 직접

적으로 물질적인 손실을 입는 것처럼 여겨진다. 그러나 멀리 내다보면 손해는 넓은 도량과 관용, 이성과 자기 억제 능력을 배양시킨다. 뿐만 아니라 인간관계를 구축할 수 있게 하고 성공으로 가는 길을 더욱 순조롭게 만든다. 다른 사람이 이익을 취하게 하는 일은 자신의 능력에 대한 자신감에서 나온다. 그러므로 손해 볼 줄 알고, 기꺼이 손해를 감당하는 사람은 자신이 성공할 수 있다고 굳게 믿는다.

24

성공은 한 걸음에
도달할 수 없다

'성공'이란 두 글자는 매우 간단해보이지만 실제로 성공을 하기란 결코 쉬운 일이 아니다. 하룻밤에 유명해지고 순식간에 부자가 되는 일이 실제로 존재할 수는 있지만 그 확률은 처참할 정도로 낮다. 인생에서 진정한 성공을 얻고 싶다면 우리는 끊임없이 도전하고 노력해서 마음속의 목표를 끝까지 고수해야 한다. 이는 성공에 반드시 필요한 요소이며 '끝까지 고수하는 것'은 매우 중요한 성공의 촉진제다.

하버드의 저명한 심리학 교수 제임스 윌James Will은 여러 번 실패한 학생에게 다음과 같이 말했다.

"조급해하지 말게. 어쩌면 자네는 성공에서 단지 한 걸음 떨어져 있을 뿐일지도 모르네. 지금 낙담하면 성공은 갈수록 더 멀어질 걸세."

새벽 동트기 전이 가장 어두운 때라고들 말한다. 암담할수록 우리는 자신이 하는 일을 끝까지 해내야 한다. 그래야만 희망이 있고 승리할 수 있다. 실패를 거듭하는 사람들은 마지막 순간에 노력을 포기하게 되고 결국 성공이 스쳐지나가고 만다. 그러나 성공하는 사람은 결코 포기하지 않는다.

역사적으로 유명한 사람 중에도 성공 직전에 포기하려는 생각을 한 사람이 많았다. 스티븐 킹Stephen King의 경험은 성공이란 단 한 걸음 차이라는 사실을 우리에게 알려준다.

1947년, 스티븐 킹은 미국 메인 주의 한 가난한 가정에서 태어났다. 그가 세 살이 됐을 때 부모님은 이혼했고 그는 어머니와 함께 생활하게 됐다. 어머니가 정신박약자 수용소에서 일하며 받는 적은 월급으로 그들은 간신히 입에 풀칠을 했다. 곤궁하고 처참한 어린 시절을 보냈던 스티븐 킹은 세상에 대한 깊은 두려움과 원망을 느꼈다.

대학을 졸업하고 그는 다림질하는 일자리를 찾았으며 서둘러 결혼도 했다. 그러나 양쪽 부모님의 건강이 좋지 않아서 그들의 생활은 매우 궁핍했다. 그가 매달 벌어오는 60달러에 불과한 수입으로는 아이들이 병이 나도 약을 사 먹일 수가 없었다. 그러던 중 우연한 기회에 아내는 그가 소설을 습작하는 것을 좋아한다는 사실을 알게 됐다. 그에게 아내는 소설을 써보면 어떻겠냐고 제안했다. 스티븐 킹은 망설였지만 아내의 끈질긴 설득에 글 쓰는 일을 업으로 삼게 됐다.

평범한 근로자로 지금껏 책을 써본 경험이 없었던 그에게 문학의 길은 매우 험난했다. 그는 심혈을 기울여 원고를 썼지만 매번 퇴짜를 맞았다. 거절 편지는 매우 형식적으로 "원고가 불합격되었음을 알립니다. 투고에 감사드립니다"라고 인쇄된 것이었다. 한참 후에야 그는 직접 손으로 쓴 거절 편지를 받을 수 있었다. 비록 그의 원고는 채택되지 못했지만 앞으로도 계속 노력을 해달라는 격려였다.

이에 고무된 스티븐 킹은 장장 18개월 동안 소설 쓰는 일에 몰두하며 끊임없이 투고했다. 그러나 이는 그에게 또 다른 상처를 줬다. 그가 보낸 원고에 대해 아무런 회신도 받을 수 없었다.

1973년 봄, 스티븐 킹은 결국 포기하기로 결정했다. 생활이 힘들어져서 더 이상 계속할 수 없었기 때문이었다. 글을 쓰는 데 필요한 종이와 잉크에도 돈이 들었고 그가 쓴 원고는 아무런 수입을 가져다주지 못했다. 오랜 기간 수입보다 지출이 많은 상황이다 보니 그의 의지는 결국 꺾이고 말았다.

더 이상 글 쓰는 데 들어가는 비용을 감당할 수 없었던 그는 어느 고요한 밤에 홀로 조용히 서재를 정리하기 시작했다. 고통을 참으며 자기가 쓴 장편소설을 문 앞의 쓰레기통에 버렸다.

다음 날 아침, 잠에서 깨어난 그는 아내가 원고를 읽고 있는 모습을 봤다. 그것은 그가 전날 밤 버린 장편소설이었다. 잠에서 깬 그를 보고 아내는 원망하듯 "전 이 소설이 정말 재밌는데. 도대체 왜 버린 거예요?"라고 묻자 스티븐 킹은 아무 말도 하지 못했다.

그의 생각을 즉시 알아차린 현명한 아내는 말했다.

"이제 곧 성공이 다가올 참에 이렇게 좋은 원고를 버려서는 안 돼요. 왜 출판이 안 될 거라고 생각해요? 분명 누군가 당신의 글을 좋아해줄 사람이 있을 거예요."

아내의 고집과 신뢰에 스티븐 킹은 매우 감동했다. 그래서 그는 자신의 옛날 원고들을 정리하고 집필 활동을 다시 시작했다. 얼마 지나지 않아 스티븐 킹은 『캐리』를 출판사에 다시 투고해봤다. 이때 그는 어떤 기대도 품지 않았다. 그저 아내의 간곡한 부탁을 저버릴 수 없었을 뿐이었다.

무심코 심은 버드나무가 울창하게 자라 그늘을 드리우는 법. 이번에는 뜻밖에도 2,500달러짜리 수표가 도착했다. 이는 출판사가 보낸 원고 계약금이었다.

그 후 『캐리』라는 공포소설은 500만 부나 판매됐고 베스트셀러 반열에 올랐다. 그리고 영화로도 제작돼 당시 최고 인기 있는 영화 중 하나가 됐다.

하루아침에 유명해진 그는 《뉴욕타임스》에서 '현대 공포소설의 대가'로 선정됐다. 1980년대부터 그의 소설은 미국 베스트셀러 순위에서 언제나 상위권을 차지했다. 그는 전 세계적으로 가장 사랑받고 영향력을 끼치는 소설가가 됐다. 그의 작품은 수없이 많은 영화로 제작됐으며 이는 셰익스피어 다음이었다. 그의 모든 작품에 할리우드의 제작자들은 흥분하며 모여들었다. 1979년에 그는 전 세계 작가 중에서 손꼽힐 정도의 억만장자가 됐다. 그가 쓴 작품의 인세는 평균 1,000만 달러를 넘었고 매년 연간 인세 수입 순위에서 항상 1위를 차지했다. 세계적인 베스트셀러 작가인 그는 《로스앤젤레스타임스》와의 인터뷰에서 다음과 같이 얘기했다.

"나는 아내에게 감사한다. 그녀 덕분에 마지막까지 포기하지 않았다. 그녀는 내가 의기소침해 있을 때 나에게 반드시 성공할 거라고 말해주곤 했다."

하버드의 어느 심리학 교수는 스티븐 킹을 "강자는 자신을 구하고 성인은 사람을 구한다"라는 말로 평가한 적이 있다. 이는 스티븐 킹이 쓴 영화 시나리오에 나오는 말이다. 좌절을 받아들이고 역경을 마주하는 것은 중요한 생존능력 중 하나다. 이는 사람의 수양을 가늠하는 기준이며 기본적으로 심리적인 건강 상태를 반영한다.

반면 플로렌스 채드윅Florence Chadwick은 스티븐 킹처럼 행운이 따르지 않았다. 그녀는 자신의 목표를 끝까지 고수하지 않은 탓에 꿈을 이루지 못했다. 플로렌스 채드윅은 세계적으로 유명한 수영선수였다. 1950년 그녀는 영국해협을 횡단하는 데 성공했는데 이는 인류 역사상 최초로 기록됐다. 그리하여 그녀는 세계인의 주목을 받는 영웅이 됐다. 2년 후, 그녀는 카탈리나 섬에서 캘리포니아 해변까지 헤엄쳐 공전의 기록을 세우고자 했다.

그러나 그녀가 출발하는 날, 날씨가 좋지 않았다. 짙은 안개가 해협 전체를 뒤덮고 있었고, 바닷물은 뼛속까지 스며들 정도로 추웠다. 16시간을 수영한 그녀의 입술은 추위로 보랏빛이 됐다. 그녀는 자신에게 기력이 조금도 남아 있지 않다고 생각했다. 그녀는 몸을 계속 벌벌 떨었다. 고개를 들어 먼 곳을 바라보니 망망한 안개뿐, 육지는 꽤나 멀리 떨어진 듯했다.

그녀는 '지금 시점에서 해안이 보이지 않는 걸 보니 아무래도 이번 수영은 완주할 수 없겠다'고 생각했다. 그러자 그녀의 몸은 금방 기운이 빠지기 시작했고 다시 한 번 물살을 가를 기력도 없었다.

"저를 끌어올려줘요!"

그녀는 줄곧 자신의 곁에 있던 작은 보트 위의 사람에게 말했다.

"이를 악물고 계속해봐. 1마일만 가면 목적지야."

보트 위의 사람이 그녀를 격려했다.

"거짓말하지 말아요. 1마일밖에 안 남았다면 분명 여기서 해안이 보일 거예요. 얼른 나를 건져줘요!"

그리하여 보트 위의 사람은 추위로 온몸을 벌벌 떨고 있던 그녀를 끌어올렸다. 작은 보트는 전속력을 내어 전진했다. 그녀가 담요로 몸을 단단히 감싸고 따뜻한 스프를 마시는 사이에 빛이 바랜 해안선이 짙은 안개 속에서 모습을 드러냈다. 해안에서 그녀를 환호하며 기다리는 사람들이 어슴푸레하게 보였다. 그녀는 그 사람의 말이 사실이라는 것을 드디어 믿을 수 있었다. 그녀는 정말 1마일만 더 가면 골인할 수 있었던 것이다.

그녀는 하늘을 올려다보며 길게 한숨을 쉬었다. 그리고 자신이 이를 악물고 끝까지 완수하지 못한 것을 후회했다.

성공은 한 걸음에 도달할 수 없다. 어떠한 성공을 얻은 사람이든 모두 무수한 실패를 겪는다. 성공을 서두르는 사람은 끈기 있게 지속할 용기와 의지가 부족해 중도에 그만두고 만다. 이때 성공은 그의 어깨를 스쳐지나간다. 이는 우리가 등산할 때 조금만 있으면 정상에 도착하는데 한참 갔는데도 정상이 보이지 않아 단 한 걸음의 차이로 정상을 포기하는 것과 같은 이치다. 정상을 포기하면 정상에서 보이는 일출과 맑은 공기를 놓치고 만다. 그러니 조금만 더 힘을 내보자. 당신은 분명 성공할 수 있을 것이다.

25

오늘 할 일을 내일로 미루는 사람은 삶의 약자다

"내일은 또다시 반복되고, 얼마나 많은 내일이 있는가. 나는 평생 내일을 기다리느라 세월을 헛되이 보내고 말았네."

〈내일의 노래〉라는 노래의 가사다. 우리는 오늘 할 일을 내일로 미루지만 내일 할 일은 오늘보다 훨씬 많다. 그렇게 되면 하지 못한 일들은 어쩔 수 없이 다시 모레로 미뤄진다. 우리는 이렇게 하루하루를 반복하며 미루느라 귀중한 오늘을 낭비한다. 내일이 지나면 또 다른 내일이 다가올 것이기 때문에 계속 미루기만 한다면 우리는 항상 긴장하고 고민하며 살아가게 될 것이다. 그러면 아무리 위대한 꿈과 완벽한 계획을 갖고 있더라도 아무것도 이루지 못할 가능성이 있다.

하버드의 한 철학 교수는 다음과 같이 말했다. "시간은 사람에게 으뜸가는 자원이다. 오늘 일은 반드시 오늘 완성해야 한다. 내일로 미루면 악영향만 생겨날 뿐이다."

'오늘 할 일은 반드시 오늘 끝내는' 습관은 성공적인 인생에 매우 중요한 요소다. 스위스의 저명한 교육가 페스탈로치Johann Pestalozzi는 말했다. "오늘 반드시 해야 할 일을 하지 않으면 내일 아무리 서둘러도 일을 그르치게 된다."

오늘 일은 반드시 오늘 끝내고 절대 내일로 미뤄서는 안 된다. 오늘을 마주하고도 얼마나 남아 있는지 알 수 없는 내일을 바라본다면 그러는 사이에 결국 인생의 막바지에 다다르게 된다. 그 결과 오늘을 제대로 관리하지 못할 뿐만 아니라 내일도 어느새 사라지고 만다.

하버드 사람들의 사고방식에는 '낭비'라는 말이 등장하지 않는다. 하버드의 한 교수는 강의에서 말했다. "여러분은 삶을 사랑합니까? 그렇다면 시간을 낭비하지 마세요. 오늘 일을 내일로 미뤄서는 안 됩니다."

할리우드의 유명 배우 마리엘라의 성공 비결은 시간을 소중히 여기고 즉시 행동하는 것에 있었다. 예술단의 일반 단원이던 시절, 그녀에게는 할리우드에 가겠다는 꿈이 있었다. 어느 날 그녀는 고모에게 자신의 계획을 얘기했다. 반년 후에는 세계 순회공연을 마치고 정식으로 할리우드에 진출해 뛰어난 배우가 되겠다고 것이었다.

그녀가 자신의 생각을 말하고 나자 고모는 얼굴색이 변하더니 성난 목소리로 물었다.

"순회공연이 끝나는 것과 할리우드에 가는 게 무슨 상관이니?"

마리엘라는 곰곰이 생각해봤다.

"그러네요. 순회공연을 마친다고 해도 할리우드에 가서 일자리를 찾는 데는 도움이 되지 않을 거예요. 그러면 다음 달에 할리우드에 가서 최선을 다해보겠어요."

고모는 또 의아해하며 물었다.

"지금 가는 거랑 다음 달에 가는 거랑 무슨 차이가 있니?"

마리엘라는 다시 생각해보고 다음 주에 출발하기로 결정했다. 그러자 고모는 재촉하며 말했다.

"할리우드에 갈 때 준비해야 할 것이 많니? 왜 굳이 다음 주까지 기다렸다가 떠날 필요가 있는 거니?"

마리엘라는 생각을 해보더니 "좋아요. 내일 떠날 거예요"라고 단호하게 말했다. 고모는 자랑스러운 듯 미소를 지으며 "내일 표를 얼른 예약해주마"라고 얘기했다. 다음 날 마리엘라는 할리우드에 도착했다. 마침 그때 한 제작자가 배우를 물색하고 있었다. 메이크업 아티스트를 통해 대본을 손에 넣은 마리엘라는 즉시 대사를 외우며 연습을 시작했다. 배우 오디션에서 그녀는 뛰어난 연기로 순조롭게 영화에 합류할 수 있었고 자신의 꿈을 이루었다.

마리엘라는 처음에 자신의 행동을 미루려는 생각을 갖고 있었지만 고모 덕택에 시간의 중요성을 깨닫게 됐다. 훗날 그녀는 일분일초도 소홀히 하지 않고 결국 자신의 이상을 이루었다.

노벨 의학상을 받은 하버드 출신의 윌리엄은 "결정한 일을 미루면 이는 막대하게 불리한 영향을 끼친다"라고 말했다. 주위를 보면 많은 사람들이 미루는 타성 때문에 오늘은 그럭저럭 살아가고 결심과 꿈은 내일로 미룬다. 그러면서 미루는 것이 자신과 타인에게 얼마나 큰 손실과 영향을 끼치는지 생각하지 못한다. 또한 그들은 실패가 바로 미루는 습관에서 비롯된다는 사실을 알지 못한다.

하버드를 졸업한 어느 부호는 "지금 당장 실행하라"라는 말을 남겼다. 확실히 너무 많은 사람이 기다리고 미루며 자신이 적당하다고 생각하는 시간에 일을 하는 습관을 갖고 있다. 그러나 시간은 사람을 기다리지 않는다. 당신을 위해 머무르지 않는 시간은 아무리 만류해도 자신의 발걸음을 멈추지 않는다. 그러므로 만약 당신이 일찍 성공을 이루고 다른 사람보다 앞서 가고 싶다면 지금 당장 미루는 나쁜 습관을 버리고 '오늘 일은 오늘 마친다'는 좋은 습관을 가져야 한다.

시저 장군의 얘기는 언제나 사람들에게 경각심을 준다. 당시 조지 워싱턴은 군대를 인솔해 델라웨어 강을 건너 전속력으로 앞을 향해 나아가고 있었다. 트렌턴에 주둔하고 있던 사령관 라엘은 크게 놀라서 즉시 적군이 이미 진영에 임박하고 있다는 문서를 시저에게 보고했다.

통신병이 편지를 시저에게 건네줬을 때 그는 마침 카드게임을 하는 중이었다. 판이 막 끝나가려 하고 있었기 때문에 그는 게임을 끝내고 라엘이 보낸 편지를 읽을 생각이었다. 통신병은 그에게 매우 긴급한 군사문건이라고 얘기했지만 시저는 그를 한 번 노려보기만 했다. 어쩔 수 없이 통신병은 곁에서 묵묵히 기다렸다. 시저는 편지를 상의 주머니에 넣었다. 그러나 이것이 자신의 죽음을 자초하는 일이 될 줄은 전혀 깨닫지 못했다. 패를 섞는 사이에 편지를 다 읽은 그는 급히 서둘러 군대를 소집했지만 모든 것은 이미 늦은 상황이었다. 그의 군대는 겹겹이 포위됐고 전 군대가 전멸했으며 그도 목숨을 잃었다. 그는 몇 분간 미룬 일 때문에 평생의 영예와 가장 중요한 목숨마저도 잃게 된 것이다.

대다수의 성공자는 '미루는 일은 죽음을 기다리는 것과 같다'고 얘기한다. 철학자 팔리 오스굿Farley Osgood은 "미루는 것으로 인해 아무것도 이루지 못하는 사람들은 모두 시간의 운용을 이해하지 못하는 사람들이다"라고 얘기했다. 많은 사람이 조금 미루는 정도는 아무것도 아니라고 생각한다. 그러나 어쩌면 이는 당신의 삶에 막대한 변화를 일으킬지도 모른다. 성공하지 못한 사람들은 미루는 습관 때문에 수많은 기회를 놓치고 앞으로 나아가지 못한다.

많은 사람들이 기다리고 미루는 습관에 길들여져 있다. 그들은 반드시 해야 할 일인데도 불구하고 시간이 있을 때 하면 된다고 생각한다. 그러나 오늘은 매우 짧다. 시계의 초침이 똑딱똑딱 움직이는 순간마다 시간은 흘러 어느덧 깜깜한 밤이 찾아온다. 시간은 멈추지 않고 잔혹하게 흘러갈 뿐 다시는 돌아오지 않는다. 하버드의 이념 중 하나는 오늘 일은 오늘 하고 절대 내일로 미루지 말라는 것이다. 그렇기 때문에 하버드 출신의 많은 사람들이 성공의 최전선에 서 있다.

26

자신에게 맞는 길을
걸어라

자신에게 맞는 것이 세상에서 가장 좋은 것이다. 자신에게 맞는 일을 선택해야 우리는 비로소 재능을 발휘할 수 있다. 자신에게 맞지 않는 일을 한다면 아무리 노력해도 결국 별다른 성과를 이루지 못할 것이다. 심지어는 인생을 꼬이게 만들 수도 있다. 삶과 인생을 정의하는 기본은 아름다움과 다채로움이다. 그리고 이는 결코 그저 하나의 기점에서 종점으로 가는 과정만이 아니다. 그 과정에는 당신이 외부로부터의 압박과 유혹을 견뎌내고 자신에게 맞는 방식을 선택하는 것이 포함된다.

모든 사람은 자신만의 성공 방식을 갖고 있다. 이는 사람들이 저마다 자신의 사이즈에 맞는 신발을 신는 것과 같다. 그러므로 성공하려면 당신은 자신에게 어떤 방식이 맞는지 알아야 한다. 절대 발에 맞지 않는 신발을 억지로 신으려 해서는 안 된다.

초楚나라 사람이 신고 있던 신발이 헤져서 새 신발을 사러 신발 가게에 갔다. 그는 한참을 고르다가 드디어 괜찮은 신발을 발견했다. 다행히도 그는 이 신발을 살 수 있을 만큼의 돈을 갖고 있었다. 새 신발을 신기가 아까웠던 그는 신이 나서 신발을 끌어안고 집에 돌아갔다. 한차례 몸치장을 한 후 그는 감격스럽게 신발을 바닥에 놓고 발을 집어넣었다. 그런데 신발보다 발이 1센티미터 정도 더 큰 것이었다. 조바심을 내며 이런저런 생각을 하는 사이에 그에게 좋은 아이디어가 떠올랐다. '만약 발을 좀 작게 만들면 신발을 신을 수 있지 않을까?' 그리하여 그는 부엌칼을 가져다 자신의 발을 1센티미터 정도 내리쳤다. 순간적으로 선혈이 솟구쳐 나왔고 그는 처참하게 울부짖으며 기절했다. 출혈량이 너무 많았기 때문에 그는 목숨을 잃고 말았다.

이 얘기는 바로 삭족적리削足適履(발을 깎아서 신발에 맞춘다는 뜻—옮긴이)라는 고사성어의 유래다. 분명 누군가는 어쩜 저렇게 바보 같은 사람이 있을 수 있을까 생각할 것이다. 물론 현대 사회에서는 자신의 발을 잘라 신발에 맞추려는 사람은 분명 없을 테지만 '삭족적리'의

감옥에 발을 디디는 사람은 많이 있다.

적당한 대우와 이익을 얻을 수 있는 일자리를 사이즈가 정해진 신발에 비유해보자. 우리는 급여 조건이 낮으면 진취적인 생각을 하지 않고 변화를 원하지 않게 된다. 또한 자신의 이상을 낮추고 그 자리에 맞춰서 적응해가며 일한다. 이러한 사람이 신발에 발을 맞추기 위해 자기 발을 자른 사람과 무슨 차이가 있단 말인가?

신발의 사이즈는 매우 다양하고 우리에게는 저마다 정해진 사이즈가 있다. 그런데 왜 자신의 발을 맞지 않는 신발에 적응시키려고만 하고 자신에게 맞는 신발을 선택하려 하지 않는가? 어떤 사람들은 운이 따라서 처음부터 자신에게 맞는 신발을 고를 수도 있다. 그러나 사람들은 대부분 끊임없이 고르고 반복해서 비교한 다음에야 자신에게 맞는 신발을 고르게 된다. 현재 당신의 신발이 정말로 당신에게 맞는 신발인지 아닌지는 아무도 모른다. 오로지 당신 자신만이 알 수 있다. 지금의 자리가 과연 당신이 원하는 것인지, 그리고 재능을 발휘할 수 있는지는 오로지 당신 자신만이 알고 있다. 지금 하고 있는 일이 발에 맞지 않는 신발이라면 당신은 과연 그 일에 당신을 맞춰야 할 필요가 있을까? 중요한 것은 자신에게 맞는 신발을 신어야 비로소 자신에게 맞는 길을 걸어갈 수 있고 탁월한 인생을 이뤄낼 수 있다는 사실이다.

5장

과거는 결국
지금이 되고,
미래는 지금으로부터
시작된다

존 몰빗과, 전 하버드대학 강사위원회 위원

당신은 당신이 상상하는 것보다 더 나은
사람이 돼야 한다. 성공하는 사람은 결코
슈퍼맨이 아니다. 성공에는 슈퍼맨의 지
력이나 운, 신비한 능력이 필요하지 않다.
성공하는 사람은 단지 자신을 믿고 자신
이 하는 모든 것을 긍정하는 평범한 사람
이다. 절대 자기 자신을 싼 값에 팔아서는
안 된다.

27

고통은 인생의
가장 소중한 자산이다

하버드의 콘라드 블로흐^{Konrad Bloch}교수는 이렇게 말했다.

"당신이 살아가는 상황이 좋든 나쁘든 고통이 찾아왔을 때 절대 상심하거나 도피하지 마라. 왜냐하면 고통은 우리 인생에 소중한 재산이기 때문이다. 고통을 용감하게 마주하면 당신은 인생의 또 다른 면을 맛볼 수 있다."

찰리 멍거^{Charlie Munger}는 주식의 신 워런 버핏과 수년간 사업 파트너로 활동했다. 2008년 어느 투자가가 그에게 이런 질문을 했다.

"어떻게 해야 작년과 같은 손실을 피할 수 있을까요? 과연 우리가 해낼 수 있을까요?"

그러자 찰리 멍거는 "할 수 없습니다. 만약 당신이 지금 고통을 조금도 느끼지 않는다면 올바른 인생을 살아갈 수 없습니다"라고 대답했다. 신은 공평하다. 당신에게 많은 고난을 주지만 다른 한편으로 고난 속에서 풍성한 수확을 얻게 한다.

하버드의 샤하르 교수는 인생 여정에서 우리는 실패나 사랑하는 사람을 잃는 등 다양한 슬픔을 겪을 수밖에 없다고 얘기했다. 그렇지만 우리는 의연하게 행복한 삶을 살아가야 한다. 즐거움은 우리 삶의 주인이고, 고통은 손님이다. 손님은 찾아왔다가는 언젠가 떠나기 마련이다. 우리는 고통을 직시할 때 삶의 강자가 될 수 있다.

고통을 감당할 수 있는 능력이 얼마나 되는가는 감성지수를 평가하는 기준의 하나다. 감성지수는 심리적 소질을 결정한다. 고통에 대해 하버드의 어느 교수는 다음과 같은 얘기를 했다.

헤이시는 미국 캘리포니아 주의 유명 약품 대리상이었다. 그는 낙관적이고 시원시원한 성격에 운동을 매우 좋아하는 사람이었다. 어느 해 여름날 새벽, 그는 평소처럼 달리기를 마치고 집으로 돌아갈 준비를 하고 있었다. 그런데 갑자기 달려온 대형트럭이 그를 덮치고 말았다. 며칠간 혼수상태에 빠졌다 깨어났을 때 그는 병원 침대에 누워 있었고 왼쪽 다리에 감각이 없었다. 그는 하반신에 두꺼운 붕대가 감겨 있는 것을 봤다. 이때 그의 머릿속에 가장 먼저 떠오른 생각은

'이제 모든 게 끝장이구나'가 아니라 그가 항상 좌우명으로 삼아오던 '두려워해야 할 것은 두려움 그 자체다'라는 말이었다. 그는 병실에서 항상 다른 환자들에게 "우리는 반드시 살아남아야 합니다. 생명은 찬란한 존재예요"라며 일깨웠다.

병원에서는 설령 다리가 다 낫는다 해도 뇌의 손상으로 장애가 있을 거라는 확진을 내렸다. 그러나 그는 이로 인해 고통스러워하지 않고 오히려 긍정적인 태도를 보였다.

"저는 하나님께서 제 생명을 구해주신 것에 감사드립니다. 목숨을 잃는 것에 비하면 장애는 아무것도 아니지요. 어쩌면 하나님께서 저에게 또 다른 일을 시작할 기회를 주신 것일지도 모르잖아요? 그러니 저는 반드시 더 잘 살아서 삶과 일 모두 더욱 완벽하게 만들 겁니다."

조기 퇴원을 위해 그는 몇 번이나 간호사에게 자신의 상태를 물었지만 간호사는 대답해주지 않았다. 의사들도 그의 앞에서 입을 다물고 자세한 상황을 말해주지 않았다. 어느 날 그는 우연히 한 간호사와 환자의 대화를 들었다. 간호사는 환자에게 말했다.

"왼쪽 다리 마비라니, 안에 있는 사람이랑 똑같네요!"

간호사가 말하는 안에 있는 사람이란 바로 헤이시를 의미하는 것이었다. 그러나 그는 기가 죽거나 슬퍼하지 않았고 오히려 긍정적인 마음을 가졌다. 그는 자신의 노력을 통해 미래를 더욱 행복하게 변화시키고 싶었다.

1년 후, 그는 퇴원했다. 비록 사고로 인해 왼쪽 다리의 기능을 잃고 장애인이 됐지만 그는 여전히 낙관적으로 인생을 마주했다. 굳은 의지로 재활운동을 계속했고 매일 충만한 열정을 갖고 살아갔다. 10여 년이 흘렀지만 답답하고 무미건조한 휠체어 생활은 결코 그에게서 즐거움을 빼앗지 못했다. 그의 사업은 나날이 번창했고 그는 장애인 경기에도 참가하게 됐다. 더 많은 장애인이 곤경에서 벗어날 수 있도록 그는 심리 치료소에서 카운슬러로 일했다.

그는 다음과 같이 말했다.

"비록 몸에는 장애가 있어도 의지는 결연해야 한다는 것, 이는 모든 장애인이 반드시 믿어야 할 신념입니다. 고통은 당신을 쓰러뜨릴 수 없습니다. 고난은 우리가 정복해야 할 것입니다. 마음속에 희망을 품고 있어야만 우리는 과거와 다름없이 빛나는 삶을 살 수 있고 스스로 만족을 느낄 수 있습니다. 우리도 다른 사람들처럼 멋진 삶을 추구해야 합니다."

삶의 강자는 고통을 직시할 줄 안다. 미국의 국회의원 존의 얘기는 우리에게 이 사실을 증명해준다.

존은 시골에 살면서 큰 채소밭을 가꾸었다. 어느 날 채소 덩굴에 지지대가 필요하다고 생각한 그는 산에 나뭇가지를 베러 갔다. 산에 도착한 그는 나뭇가지를 한 무더기 베어 차에 가득 실었다. 그러고는 자신의 작은 자동차를 운전하면서 노래를 흥얼거리며 즐거운 마음으로 집을 향해 가고 있었다. 그러나 재난은 조용히 그에게 다가오고 있었다. 핸들을 돌리는 순간 산에서 커다란 나뭇가지가 굴러 내려와 차 엔진에 박혔다. 차는 뒤집어져 길을 벗어났고, 존은 즉시 튕겨 나가 도로변의 커다란 나무에 부딪혀 정신을 잃었다. 그가 눈을 떴을 때는 병원이었고 척수 손상으로 인해 그의 다리는 마비되고 말았다. 모두들 그에게 목숨이라도 부지해서 천만다행이라고 얘기했다. 그러나 존은 당시 청춘이 갓 시작된 24세에 불과했다.

그때부터 존은 휠체어에 의지해 생활하게 됐다. 처음에 그는 이러한 사실을 받아들이기 힘들었고 마음속은 분노와 고통으로 가득했다. 그는 운명을 원망하고 세상을 증오했다. 하루 종일 밖에 나가지 않고 비관과 실망에 빠져 스스로 헤어나지 못했다. 가족들도 어찌할 도리가 없었다.

한참 지난 후 존은 가족과 친구들이 모두 자신을 사랑하며 아무런 대가도 바라지 않고 그를 돌봐준다는 사실을 점차 깨닫게 됐다. 그렇다면 자신은 그들에게 어떻게 보답할 수 있을까? 존은 자신을 변화시키기로 결심했고 이미 잃어버린 지 오랜 자신감을 되찾기로 했다. 주위 사람들은 그가 점차 열정적이며 활발했던 예전 모습으로 다시 돌아왔음을 느낄 수 있었다. 존의 집에서는 드디어 그의 쾌활한 웃음소리를 들을 수 있었다.

수년 후, 존은 자신이 사고의 상처에서 벗어나는 데 오랜 시간이 걸렸으며 사고 이후의 세월을 긍정적인 마음으로 마주했다고 회고했다. 그는 사고가 난 후 14년 동안 2,000권에 달하는 다양한 책을 읽었다. 책은 그를 구원했고 새로운 세계로 이끌어 세상의 기묘함과 아름다움을 느낄 수 있게 해줬다. 존은 말했다.

"당신은 비교에 능해야 한다. 자신의 처지가 비관적이라고 생각하는가? 그렇지 않다. 사고로 인해 생명을 잃은 사람과 비교했을 때 당신은 행운아다. 그러니 의기소침할 이유가 있는가?"

훗날 존은 정치에 관심이 생겼다. 그는 다양한 사회적 문제를 조사하고 그 해결 방법도 연구했다. 그는 점차 자신만의 정치적인 의견을 형성하게 됐다. 그는 휠체어를 타고 여기저기 강연을 다니며 사람들의 큰 호응을 얻었다. 존은 자신의 지식과 매력을 이용해 조금씩 사람들의 주목을 얻었고 이윽고 국회의사당에 입성했다. 마침내 그는 사람들의 사랑을 받는 국회의원이 됐다.

사람은 살아가면서 행복과 즐거움이 주는 혜택을 누릴 수도 있고 불운과 좌절에 단련될 수도 있다. 행복하고 즐거울 때 우리는 그 시간이 영원하기를 바란다. 반면 고통스럽고 힘들 때는 하루가 1년 같다며 불평한다. 행복과 고통은 본래 쌍둥이나 마찬가지라 종종 함께 행동한다. 그러므로 고통을 두려워할 필요는 없다. 긍정적인 마음가짐으로 용감하게 마주할 때 운명에 굴복하지 않을 수 있다.

28

내게 가장 소중한 것이
무엇인지 아는가

인간의 욕망은 끊임없이 변화한다. 그리고 이를 통해 인간은 서서히 성장한다. 오로지 돈만 바라보는 사람이라면 끝없이 욕망을 추구하는 과정에서 영원히 만족할 만한 행복감을 얻지는 못할 것이다. 행복이란 돈을 많이 버는 것이 아니라 진정으로 자신에게 맞는 무언가를 얻는 것이다.

행복은 선택할 수 있다. 그런데 우리는 선택하기에 앞서 자기 내면을 들여다봐야 한다. 즉, 자기 내면이 진정으로 원하는 것이 무엇인지 깨달아야 한다는 것이다. 그래야 자신에게 즐거움을 가져다주는 것을 찾고 행복을 느낄 수 있기 때문이다. 한 철학자는 행복이란 단지 어떠한 요구에 대한 만족일 뿐만 아니라 그것에 대한 이해라 했다.

7일간 천지를 창조한 신은 이어서 7일 동안 사람들을 행복하게 해 주려고 생각했다. 그리하여 신은 7일 동안 여행길에 올랐다. 여행을 하면서 신은 만나는 사람마다 똑같은 질문을 했다.

첫째 날, 거지를 만난 신은 물었다.

"당신이 원하는 행복은 무엇인가?"

굶주림과 추위에 시달리고 있던 거지가 벌벌 떨며 말했다.

"저는 배불리 먹고, 따스한 옷을 입고, 비바람을 막을 수 있는 곳이 있으면 좋겠습니다."

이에 신은 음식과 옷, 집을 거지에게 줬고 그가 행복해하는 모습을 봤다.

둘째 날, 맹인을 만난 신은 물었다.

"당신이 원하는 행복은 무엇인가?"

맹인은 대답했다.

"저는 아름다운 세상을 볼 수 있는 두 눈을 원합니다."

신은 앞을 볼 수 없는 그의 눈 대신 선명하게 볼 수 있는 눈을 줬고 그가 행복해하는 모습을 봤다.

셋째 날, 절름발이를 만난 신은 물었다.

"당신이 원하는 행복은 무엇인가?"

절름발이는 자신의 불편한 다리를 어루만지며 신에게 대답했다.

"저는 마음껏 뛸 수 있는 건강한 두 다리를 갖고 싶습니다."

신은 절름발이에게 건강한 다리를 줬고 그가 행복해하는 모습을 봤다.

넷째 날, 벙어리를 만난 신은 물었다.

"당신이 원하는 행복은 무엇인가?"

벙어리는 신 앞에서 손짓으로 한바탕 얘기했다.

"저는 큰 소리로 말하고 노래하는 즐거움을 누릴 수 있는 우렁찬 목소리를 갖고 싶습니다."

신은 그에게 우렁찬 목소리를 줬고 그가 행복해하는 모습을 봤다.

다섯째 날, 노총각을 만난 신은 물었다.

"당신이 원하는 행복은 무엇인가?"

노총각은 말했다.

"저는 착하고 아름다운 아내와 귀여운 아이를 원합니다."

신은 그에게 착하고 아름다운 아내뿐 아니라 귀여운 아이도 갖게 해줬다. 그리고 그가 행복해하는 모습을 봤다.

여섯째 날, 상인을 만난 신은 물었다.

"당신이 원하는 행복은 무엇인가?"

신의 질문에 상인은 매우 당혹스러워하며 신에게 되물었다.

"행복이 도대체 무엇인가요?"

신은 대답했다.

"만약 당신이 정말로 모른다면 내가 직접 가르쳐줄 수도 있다. 그렇지만 내게 예정된 시간이 하루밖에 없다."

시간은 흘러 일곱째 날이 됐다. 잠에서 깨어난 상인은 아내와 딸이 죽어 있는 것을 발견했다. 집도 사라졌고, 그는 거지가 되어 있었다. 게다가 한쪽 눈이 멀고, 다리 한쪽을 절었으며 말을 하지 못하는 병어리가 되어 있었다.

신이 그에게 물었다.

"당신은 행복이 무엇인지 알게 됐는가?"

그제야 처절히 깨달은 상인은 큰 소리로 울기 시작했다.

"드디어 알았습니다. 원래 행복이란 줄곧 제 곁에 있던 것이었군요."

고독을 겪어보지 못한 사람이 어떻게 찬란한 인생을 알 수 있겠는가? 다치거나 병들어본 적이 없는 사람이 건강이 복이라는 사실을 어떻게 알 수 있겠는가? 사실 행복이란 당신이 무언가를 가장 필요로 하는 순간 운 좋게 그것을 얻었을 때 생겨나는 일종의 감정이다. 배가 고플 때 당신 앞에 우동 한 그릇이 놓여 있다면 그것이 바로 행복이고, 쓰러질 정도로 피곤할 때 포근한 침대가 있다면 그것이 바로 행복이다. 소리 죽여 울고 있을 때 곁에 있는 누군가가 따스한 손길로 손수건을 건넨다면 이 또한 행복이다. 이처럼 행복에는 정의가 없다. 일상적으로 일어나는 사소한 일도 종종 당신의 마음을 감동시킬 수 있다. 행복은 당신 마음에 달린 일인 것이다.

사람들은 늘 행복을 찾지만 막상 행복이 과연 무엇이냐는 질문을 받으면 곤혹스러워 한다. 어떤 사람은 돈이나 지위를 차지했음에도 불행하다고 생각한다. 그러나 또 다른 사람은 따뜻한 밥 한 그릇에 행복을 느낀다. 이처럼 행복은 돈이나 권력에 의해 결정되는 것이 아니다. 행복은 사람의 마음에, 그리고 당신이 추구하는 것에 달려 있다. 사람은 자신에게 가장 중요한 것이 무엇인지 진정으로 깨달았을 때 비로소 그것이 절실해진다. 그리고 오랫동안 바라던 것이 당신 곁에 조용히 다가왔을 때 느끼는 행복이야말로 가장 진실하고 우리를 즐겁게 하는 것이다.

영국의 시인이자 정치가 존 밀턴John Milton은 다음과 같이 말했다.

"나는 행복을 찾는 방법을 알게 됐다. 그것은 자신의 욕망을 만족시킬 방법을 찾는 대신 자신의 욕망을 억제하는 것이다."

이렇듯 지나치게 많은 것을 바라고 끝없이 욕망하는 사람은 아무리 돈이 많아도 행복해질 수 없다. 그 이유는 자기 자신에게 필요한 것이 도대체 무엇인지 알지 못하기 때문이다. 사람은 자신이 필요로 하는 것이 무엇인지 확실히 알아야 비로소 최선을 다해 추구할 수 있으며, 그것을 얻었을 때 행복을 느낄 수 있다. 그러므로 행복은 자신이 필요로 하는 것에 대한 일종의 이해이자 깨달음이다. 당신이 인생에서 반드시 추구해야 할 것이 무엇인지 깨달았을 때 그것을 얻기 위해 필사적으로 노력할 수 있다.

미래의 길을 어떻게 선택해야 할지 막막할 때는 우선 걸음을 멈추고 곰곰이 생각해보자. 과연 나는 어떤 길을 가야 하는지, 그 길의 종점은 어디인지. 그리고 그곳에서 나를 기다리고 있는 것은 과연 내가 진정으로 원하는 것인지 말이다.

29

만 개의 생각보다
하나의 행동이 나를 만든다

하버드의 어느 교수가 꿈에 대해 다음과 같이 얘기했다. 당장 무엇을 갖고 있는지 그리고 무슨 일을 해야 하는지를 알아야 삶에 좋은 변화를 가져올 수 있다고. 꿈이 아무리 원대해도 게으름을 버리고 계속 노력하면 반드시 이룰 수 있다. 하지만 꿈만 갖고 이를 행동으로 실천하지 않는다면 제아무리 아름다운 꿈도 공상, 심지어 망상에 지나지 않는다.

강연의 대가 지그 지글러 Zig Ziegler는 청중에게 다음과 같은 얘기를 들려줬다.

세계에서 가장 강력한 견인열차는 철로에 놔두면 미끄러지기 때문에 이를 방지하기 위해 2.5센티미터 크기의 나뭇조각을 각각 8개의 구동륜 앞에 놓는다고 한다. 이렇게 해두면 견인열차는 절대 움직이지 않는다. 그러나 일단 거대한 열차에 시동이 걸리면 나뭇조각으로는 이를 막을 수 없다. 시간당 100마일의 속도로 전진할 때는 1.5미터 두께의 철근 콘크리트 벽도 쉽게 뚫고 지나간다.

작은 나뭇조각으로도 막을 수 있었던 견인열차가 콘크리트 벽을 뚫고 나갈 정도로 위력을 발휘할 수 있는 이유는 간단하다. 바로 시동이 걸렸기 때문이다.

사람의 위력도 이처럼 막강하게 변할 수 있다. 당신이 즉각 행동하기만 하면 극복하기 어려운 장애도 돌파할 수 있다. 그러나 철로에 서 있는 열차처럼 생각만 하고 행동으로 옮기지 않는다면 작은 나뭇조각조차도 당신의 성공을 가로막는 장애물이 된다.

1950년 중국의 정샤오잉은 작곡 공부를 위해 당시 유명한 모스크바 음악학교에 진학했다. 이때 그녀의 나이는 스물에 불과했다. 그녀는 태어났을 때부터 뛰어난 음악적 재능을 갖고 있었다. 여섯 살에 피아노를 치기 시작했고 열네 살에는 각종 악기에 정통했으며 몇 차례나 큰 무대에 올랐다. 모스크바 음악학교에서 그녀의 재능은 교수와 학생들의 인정을 받았다. 그녀가 작곡한 곡은 종종 학교 오케스트라의 연주곡이 되곤 했다.

어느 날, 그녀는 홀에서 자신의 곡을 지휘하고 있는 지휘자를 봤다. 지휘자의 늠름한 기개에 깊이 매료된 그녀는 '최고의 지휘자'를 인생의 꿈으로 삼았다.

그때부터 시간만 나면 그녀는 홀에 가서 연주를 감상했다. 물론 지휘 기술을 배우는 것이 목적이었다. 그밖에도 그녀는 종종 교수에게 가르침을 청할 기회를 찾았다. 기숙사에 돌아온 후 그녀는 자신의 곡으로 지휘 연습을 했다. 학생들은 그녀를 비웃으며 "설마 지휘자가 되려는 건 아니겠지? 쓸데없이 시간 낭비하지 마. 그건 불가능한 일이니까!"라는 말을 하곤 했다.

사실 다른 학생들의 말에도 일리가 있었다. 당시 사회에서 여성의 지위는 비교적 낮은 편이었다. 여성이 음악교육을 받는다는 것 자체가 보기 드문 일에 속했으니 여성 지휘자는 말할 것도 없었다. 세계적으로 여성 지휘자가 한 명도 없다고 단정할 수는 없었지만 당시 사람들은 여성 지휘자에 대해 들어본 적이 없었다. 오로지 남성만이 지휘자가 될 자격을 갖고 있는 것으로 여기던 시대였다.

"정말 여자는 지휘자가 될 수 없는 걸까?" 정샤오잉은 마음속으로 자문했다. 그러나 그녀 자신 외에 대답을 해줄 사람은 없었다. 그 후 정샤오잉은 손동작 그리고 눈빛에서 마음에 이르기까지 표현력도 키우고자 더욱 열심히 지휘를 배웠다.

기회는 항상 준비된 사람에게만 찾아온다. 한번은 학교에서 음악회를 기획했는데 정샤오잉이 작곡한 곡 하나가 연주 목록에 들어 있었

173

다. 관중들 중에는 당시 명성이 자자하던 러시아 국립오페라단의 지휘자 하이킨과 모스크바 오페라 극장의 지휘자도 자리하고 있었다. 그런데 지휘자가 준비를 마치고 단상에 오를 무렵 생각지도 못한 사고가 일어나고 말았다. 발목을 삔 지휘자가 비틀거리며 바닥에 주저앉아버린 것이다. 그가 의자에 앉아 지휘할 수 있도록 누군가 의자를 가져왔지만 그것도 불가능했다. 지휘자는 발목을 삔 데다 팔꿈치도 부딪친 것이었다. 지휘자는 고개를 저었고 그 자리에 있던 사람들은 모두 어찌할 바를 몰랐다.

이때 정샤오잉이 의자에서 일어났다. 그녀는 관중들의 시선을 받으며 지휘자 앞에서 예를 표하고는 말했다. "저는 당신이 지휘봉을 건네주시기를 요청 드립니다."

정샤오잉의 얼굴에 의연한 표정이 드러났다. 거절할 이유를 찾지 못한 지휘자는 손에 쥔 지휘봉을 그녀에게 건네줬다. 그녀는 몸을 돌려 연주자들에게 고개를 끄덕여 의사를 표시한 다음 평온하게 지휘를 하기 시작했다. 지휘봉은 그녀의 손에서 빠르고 힘 있게 때로는 느리게 춤추는 것처럼 움직이기 시작했다. 마치 음악이 그녀의 지휘봉에서 흘러나오는 것 같았다. 그녀의 지휘는 때로는 번개처럼 내달렸고 때로는 흐르는 물처럼 고요했다. 열정적으로 약동하며 웅대한 기백을 지닌 그녀의 지휘는 강렬한 예술적 전염력을 지니고 있었고, 흠잡을 데 없이 완벽했다. 발목을 삔 지휘자는 그녀의 지휘를 보며 감탄을 금치 못했다. 한 곡이 끝나자 무대 아래에서 우레와 같은 박수소리가 들려왔다. 하이킨은 그녀에 대해 "장래에 분명 탁월한 지휘자가 될 것이다"라고 평가했다.

그날 하이킨은 정샤오잉에게 정식으로 러시아 국립오페라단에 들어와 지휘 공부를 더 깊이 있게 하지 않겠냐고 물었다. "예술은 모든 사람에게 속한 것입니다. 성적인 차별이 있어서는 안 되지요!"라고 하이킨은 말했다. 국립오페라단에 들어간 후 정샤오잉은 각고의 노력 끝에 러시아의 고전 오페라를 비롯해 〈토스카〉, 〈라트라비아타〉 등의 작품을 성공적으로 지휘했고, 당시 러시아에서 센세이션을 일으켰다.

몇 년간 열심히 공부한 그녀는 드디어 자신만의 예술을 이뤄 중국으로 돌아왔다. 음악 분야에 위대한 공헌을 한 그녀는 중국, 그리고 전 세계에서 최고로 탁월한 오케스트라 지휘자가 됐다. 2010년, 그녀는 82세의 나이에 중국 가극예술 성취대전에서 최초로 평생 공로상을 수여했다.

누구나 꿈을 갖고 있다. 사람들은 대부분 꿈이 긍정적인 역량이자 성장의 원동력이라는 사실을 잘 알고 있다. 그러나 정샤오잉처럼 꿈을 실현하고 성공을 거두는 사람은 드물다. 그 이유는 꿈을 현실로 변화시키는 과정에서 필요한 행동력이 부족하기 때문이다.

그렇기 때문에 하버드의 학생들은 아무리 위대한 꿈을 가졌더라도 우선 작은 일부터 실천하라는 교육을 받는다. 매일 아침 목표에 한 걸음 더 다가갔다고 생각하면 자신감을 갖게 될 것이다. 하루를 보람 있게 보내기 위해 노력하라. 그러면 당신은 회의감과 두려움으로부터 벗어날 수 있고, 열심히 노력하기만 하면 자신의 발걸음을 막을 수 있는 일은 아무것도 없다는 사실을 깨닫게 될 것이다.

30

시종일관
남보다 앞서 나아가라

성공하고 싶다면 반드시 용감하게 전진해야 한다고 사람들은 종종 얘기한다. 어느 분야에서든 특별한 성취를 얻으려 한다면 절대 낙오돼서는 안 된다. 설령 지금 뒤처져 있다 해도 반드시 따라잡을 목표를 세워야 한다. 하버드의 학생들은 대부분 선두에 나서는 습관이 있다. 하버드의 한 심리학과 교수는 다음과 같이 얘기했다.

"앞을 다투어야만 비로소 자신의 능력을 최대한 발휘하고 새로운 것을 창조할 수 있다. 시종일관 다른 사람을 따르고 그 뒤에서 같은 행동을 한다면 절대 특별한 성취를 이룰 수 없다."

세계적인 장거리 경주 대회가 열렸다. 참가선수는 5만 명에 달했으나 결승에 남은 사람은 고작 100명뿐이었다. 시합이 시작되자 20명의 선수가 너무 먼 여정 탓에 더 이상 못하겠다며 그만두고 말았다. 남은 80명의 선수는 첫 번째 관문을 돌파했다. 다음으로 사막지대에 들어서자 다시 40명의 선수가 포기했다. 남은 40명의 선수는 계속해서 각축을 벌였다. 그들 모두 배고픔과 갈증, 무더위를 참으며 인내력을 최대한 발휘해 힘껏 전진했다. 그들은 자신이 승리하기를 원했다. 그러나 사막을 빠져나와 산길에 들어섰을 때 30명이 시합을 포기했다. 산길 레이스가 끝나자 남은 사람은 10명이 채 되지 않았다. 최후의 1만 미터는 가파른 언덕이었고 몇 명의 선수는 죽기 살기로 막판에 힘을 냈다. 그러나 오로지 한 사람만이 모든 참가선수를 제치고 시상대의 가장 높은 곳에 설 수 있었다. 수만 명이 참가한 이 대회에서 결국 사람들의 기억에 남는 것은 오로지 1등, 2등, 3등뿐이었다. 남은 사람들은 잊히거나 아예 기억조차 되지 못했다.

장거리 경주 대회의 우승자는 경기가 끝나고 사람들에게 "사람은 자신에게 얼마만큼의 잠재력이 있는지 모릅니다. 제가 우승할 수 있었던 이유는 체력, 용기, 인내력 등을 전부 발휘했기 때문입니다. 저는 끊임없이 반드시 1등을 할 것이라고, 선두에 나설 것이라고 긍정의 주문을 외웠습니다"라고 말했다.

1등, 2등, 3등 모두 승리자에 속하지만 우리는 2등이나 3등이 됐다고 해서 기뻐할 수만은 없다. 비록 1등과 2등은 작은 차이에 불과하지만 이러한 차이 때문에 2등은 1등 뒤에 서는 것이고 수많은 기회도 잃게 된다.

잭은 모터사이클 경기가 끝난 후 기뻐하며 집으로 돌아왔다. 그러고는 "제가 상을 탔어요!"라며 수상 소식을 어머니에게 알렸다. 어머니가 몇 등을 했는지 묻자 잭은 2등을 했다고 대답했다.

그러나 어머니는 말했다. "뭘 그렇게 좋아하니. 1등도 아니면서!"라고 말했다.

잭은 변명을 늘어놓았다.

"그래도 2등이면 썩 괜찮은 거라고요. 이번 경기에 선수들이 얼마나 많이 참가했는데요. 게다가 다들 우수했고요."

"나도 안다. 그렇지만 아들아, 너는 1등이 될 수 있었어. 다른 사람이 할 수 있다면 너도 당연히 할 수 있단다. 왜냐하면 네 실력은 1등보다 조금도 뒤처지지 않거든! 절대 다른 사람의 뒤에 서면 안 된다."

잭은 아무 말도 하지 못하고 깊은 생각에 빠졌다. 어머니의 말을 자세히 곱씹어보니 마음속에 작은 감동이 일었다. 그는 더 이상 2등이 됐다고 기뻐하지 않았다. 여러 해가 지난 후 잭은 전국에서 최다 우승을 차지한 선수가 됐고 20여 년간 모터사이클 분야에서는 그를 상대할 적수가 없었다. 그는 항상 "절대 다른 사람의 뒤에 서면 안 된다"는 어머니의 말씀을 기억했다.

계속해서 앞으로 나아가려는 마음을 가진 사람만이 비로소 1등을 차지할 수 있다. 루스벨트는 "삶은 럭비 경기와도 같아서 그 원칙은 골라인을 향해 뛰어가는 것뿐이다"라고 말했다.

　사람은 누구나 선두를 다투는 정신을 갖고 있어야 한다. 그리고 끝까지 싸우는 투지가 필요하다. 최고가 되려는 마음이 부족하다면 성공은 영원히 다가오지 않을 것이다.

31

완벽을 추구하면
손 안의 진주를 잃게 된다

사람은 누구나 완벽한 삶을 원하기 때문에 그것을 추구하는 것은 사실 비난할 일이 아니다. 그러나 완벽을 추구하는 사람들은 그것이 자신의 삶에 막대한 압박을 가한다는 사실을 생각하지 못한다. 그 결과 행복은 그들에게서 멀어져간다.

완벽을 추구하는 것과 성공할 기회는 반비례한다는 사실이 연구를 통해 증명됐다. 완벽을 추구하는 행위는 심리적으로 큰 압박을 초래하고, 이로 인한 초조함, 실망감, 억압감 등이 생기기 쉽다. 완벽을 추구하는 사람들은 항상 실패를 걱정하며 자신의 불완전함을 두려워

한다. 이러한 사람들의 삶은 언제나 피곤할 수밖에 없고 절대 행복해지지 못한다.

사실 인생은 불완전함이 가득한 여정이라 할 수 있다. 사람들은 대부분 자신의 가치관이나 생활환경에 만족하기 어렵기 때문에 끊임없이 꿈을 좇는다. 하지만 결함이 없다는 것은 완벽함을 의미하고, 그것은 추구하는 바가 없다는 의미다. 그리고 추구하는 바가 없다는 것은 삶이 정체됐음을 의미한다. 인생이 완벽하다면 이는 무언가를 추구하는 발걸음이 멈췄다는 것이다. 인생에 추구하는 바가 없는데 어디서 행복을 느낄 수 있겠는가? 우리가 무언가를 추구하는 목적은 행복한 삶을 위해서다. 그런데 행복과 점점 멀어지기만 한다면 무언가를 추구하는 의미가 과연 어디에 있을까? 과도한 완벽주의 때문에 우리는 원래 원하던 것과 점점 멀어지고 행복의 그림자도 점점 흐려지게 된다.

한 어부가 바다에서 진주를 찾았다. 커다란 진주를 얻게 된 그는 매우 기뻐하며 진주를 손에 들고 이리저리 살펴봤다. 그러다 그는 한 가지 안타까운 사실을 발견하고 말았다. 진주의 표면에 작은 흑점이 있는 것이었다. 어부는 진주의 흑점이 사라진다면 분명 더할 나위 없는 보물로 인정받아 큰돈을 벌 수 있을 거라 생각했다. 그래서 그는 진주를 한 꺼풀 벗겨냈으나 흑점은 여전히 선명하게 남아 있었다. 하는 수 없이 그는 다시 한 꺼풀 벗겨냈지만 흑점은 여전히 사라지지 않았다. 결국 그는 흑점을 완전히 벗겨냈지만 그만큼 진주도 아주 작아지고 말았다.

완벽을 추구하는 대가는 바로 손 안의 커다란 진주를 잃는 것과 같다. 어느 철학자는 자신의 일기에 "만약 다시 태어난다면 나는 절대 다시는 완벽을 추구하지 않을 것이다"라고 썼다.

한쪽 구석이 조금 떨어져나간 동그라미가 있었다. 동그라미는 떨어져나간 부분을 보완해 자신을 완벽하게 만들고 싶었다. 그는 자신이 불완전하기 때문에 구르는 속도가 매우 느린 것이라고 생각했다. 그는 힘껏 굴러다니며 풍경을 감상하고, 벌레와 얘기를 나누며, 새들과 함께 노래를 하고, 따스한 햇살과 세상의 아름다움을 느끼고 싶었다. 동그라미는 수많은 조각을 찾아다녔지만 자신의 떨어져나간 부분과 맞는 것을 찾지 못했다. 그러던 어느 날 그는 드디어 자신의 소원을 이뤘다.

완벽해진 동그라미는 구르는 속도가 빨라졌다. 그래서 꽃이 피는 계절이나 벌레와 새, 따스한 햇살을 그냥 지나쳐버리게 됐다. 이 모든 것을 깨달은 그는 천신만고 끝에 찾아낸 조각을 과감하게 포기하고 다시 불완전한 동그라미로 돌아왔다.

불완전함은 인생의 일부분이다. 또한 우리는 원래 완전무결한 존재가 아니다. 이는 명백한 사실이며 우리가 이를 빨리 받아들일수록 행복도 더 빨리 다가온다.

현자는 말했다. 완벽이란 원래부터 존재하지 않으므로 완벽한 삶을 추구할 필요가 없다고 말이다. 완벽이란 사람의 마음속에 존재하는 하나의 허상이다. 또한 과도한 완벽주의는 고통의 일종이며 자기 자신에 대한 가혹한 요구다. 결국에는 자기 자신에게 실망을 느끼는 동시에 무거운 짐을 지우게 된다.

우리는 태어난 순간부터 인생이라는 열차에 올라 여정을 시작한다. 그리고 이 열차는 '죽음'이라는 종착역을 향해 달려간다. 여행을 하면서 우리는 과거의 풍경에 미련을 둬서도, 미래의 풍경에 과도한 동경을 품어서도 안 된다. 그 이유는 우리가 머무르고 있는 곳은 바로 지금이기 때문이다. 모든 과거는 결국 지금이 되고, 미래는 지금으로부터 시작된다.

삶은 좀처럼 얻기 힘든 기적이다. 그러므로 우리는 반드시 이 유일한 한 번의 기회를 제대로 파악해서 각자의 가치를 실현해야 한다. 우리의 인생이 반드시 눈부시게 빛날 거라고 단정할 수는 없지만 사실 하나의 평범한 인생 자체가 바로 평범하지 않은 것이다. 길고 긴 시간의 물결 속에서 누군가는 시냇물을 따라 흐르고 다른 누군가는 망망대해를 향해 흐른다. 또 누군가는 사막을 따라갈 수도 있고 다른 누군가는 오아시스를 찾아가기도 한다. 그러나 자신이 원하는 바가 있다면 그걸로 족하다. 꽃이 지기 위해서 피는 것이 아니라 한순간 찬란하게 빛나기 위해서 피는 것처럼 말이다.

완벽을 추구하던 사람도 결국에는 실패를 경험하며 서서히 늙어갈 때, 이익을 얻거나 손해를 보는 일이 결코 중요한 것이 아니라는 사실을 깨닫게 될 것이다. 이는 인생이라는 여정에 한차례 지나가는 두근거림에 지나지 않는다. 마치 조미료처럼 우리 삶에 맛을 조금 더해주고 나면 그 역할은 다한다. 그러므로 완벽을 추구하는 과정에 의미가 있는 것이지 결코 모든 일에 가혹하게 완벽을 요구해서는 안 된다는 사실을 깨달아야 한다. 인생은 본래 불완전한 것이다. 하루하루를 충실하게 보내고 가장 진실한 자신이 되기 위해 노력하면 행복은 자연스레 당신과 함께할 것이다.

32

좌절은
강한 자를 두려워한다

의지가 강한 사람은 곤경에 처해도 쓰러지지 않는다. 그는 시련을 겪을수록 강하고 용감해지며 적극적으로 투쟁한다. 강인한 정신을 가진 사람은 절대 자신의 능력에 의심을 품지 않는다. 그가 실패를 두려워하지 않는 이유는 반드시 이길 것이라는 믿음과 강인한 정신이 있기 때문이다. 이에 그는 끊임없이 장애를 뛰어넘고 한 걸음씩 목표를 향해 다가간다.

4억 5,000만 부 이상 판매된 『해리 포터』 시리즈를 모르는 사람은 아마 없을 것이다. 그렇지만 이 책의 저자 조앤 K. 롤링에 대해 당신은 얼마나 알고 있는가? 하버드에서 명예박사 학위를 받게 된 조앤 K. 롤링은 자신이 느낀 바를 이렇게 얘기했다.

"모든 사람에게는 한 가지 공통점이 있습니다. 그것은 바로 좌절을 통해 더욱 지혜로워지고 강해진다는 사실이지요. 사람은 좌절을 겪은 후 자신의 삶을 더욱 확실히 파악하게 됩니다. 만약 고난이 당신을 괴롭히지 않는다면 자신이 얼마나 큰 에너지를 갖고 있는지, 그리고 얼마나 다양한 시련을 감당할 수 있는지 진정으로 이해할 수 없습니다."

하버드를 졸업하고 자신의 사업을 시작한 사람들은 모두 좌절이나 고난이 삶의 단련이라는 사실을 깊이 깨닫고 있다. 그러나 그들은 눈물이 무언가를 변화시킬 수 있다고 생각하지 않는다. 그들은 눈앞에 마주한 좌절에 불평하지 않고 오로지 노력의 구슬땀을 흘린다.

성공하는 사람은 강인한 품성을 기반으로 한 걸음씩 성공을 향해 나아간다. 살다보면 행운은 강인한 정신을 갖고 끊임없이 노력하는 사람에게 다가온다. 반면 나약한 사람은 설령 행운이 바로 옆에 있다고 해도 이를 놓쳐버리고 원망과 실의에 빠진다.

요리사를 아버지로 둔 소녀가 있었다. 그녀는 아버지에게 삶은 뜻대로 되지 않고 사람들이 너무 냉정하다며 불평을 늘어놓았다. 그러자 아버지는 딸을 주방으로 데려갔다. 그런 다음 냄비를 세 개 꺼내와 첫 번째 냄비에는 당근을, 두 번째 냄비에는 달걀을, 세 번째 냄비에는 커피가루를 넣었다. 그는 강한 불로 냄비를 끓이기 시작했다. 그러는 동안 그는 아무 말도 하지 않았다. 약 20분이 지나자 아버지는 불을 끄고 익은 당근과 달걀을 각각 접시에 담은 다음 마지막으로 커피를 컵에 담았다. 작업을 다 끝낸 후에야 아버지는 딸을 바라보며 "자, 눈앞에 뭐가 보이니?"라고 물었다. 딸은 "당근이랑 달걀 그리고 커피요"라고 대답했다. 아버지는 딸에게 당근을 만져보라고 했다. 그녀는 당근을 만지면서 당근이 이미 푹 익어 부드러워졌음을 느꼈다. 이어서 아버지는 그녀에게 달걀을 두드려보라고 했다. 그녀는 달걀이 잘 익었다는 것을 알았다. 마지막으로 아버지는 딸에게 커피를 마시라고 했다. 향기롭고 감미로운 커피 맛에 그녀는 미소를 지었다. 그러고는 머뭇거리며 아버지에게 "아빠, 이게 도대체 무슨 뜻이에요?"라고 물었다.

아버지는 천천히 얘기했다. 당근, 달걀, 커피는 모두 똑같은 곤경, 즉 끓는 물이라는 곤경을 맞이했다. 그러나 그것들의 반응은 각각 달랐다. 당근은 냄비에 넣기 전에는 가장 단단했지만 끓는 물에 넣은 다음에는 부드럽게 변했다. 달걀은 원래 깨지기 쉽고 얇은 껍데기 속에 액체 상태로 들어 있었지만 끓고 나서 내용물이 단단해졌다. 마지막으로 커피가루는 매우 독특했다. 그것은 끓는 물에 들어가 물 자체를 변화시켰다. 아버지는 딸에게 물었다.

"너는 어느 쪽이니? 역경이나 곤경이 다가왔을 때 너는 그것을 어떻게 맞이하겠니? 당근이니, 달걀이니 아니면 커피니?"

평생을 순풍에 돛을 단 듯 보내는 사람은 아무도 없다. 삶에서 좌절과 고난은 피하기 어려운 것이다. 그렇다고 해서 우리는 절대 좌절과 고난에 놀라서는 안 된다. 오히려 이를 긍정적으로 대하고 이겨낼 방법을 냉정하게 생각해야 한다. 약한 사람은 좌절을 만나면 후퇴하거나 부정적으로 받아들인다. 그렇지만 우리는 좌절에 용감하게 도전하고 긍정적으로 받아들여야 상황을 올바르게 판단할 수 있고 성공을 얻을 수 있다.

'좌절'이라는 이름을 가진 개가 있었다. 그 개는 셰퍼드로 매우 사나웠다. 그리고 순풍에 돛을 단 듯 몇 년간 순조롭게 장사를 해온 상인 두 사람이 있었다. 그들은 개가 어떻게 생긴 동물인지 전혀 알지 못했다.

첫 번째 상인은 매우 소심한 사람이었다. 어느 날 그는 길거리에서 개장수가 '좌절'을 팔고 있는 것을 보고 가격을 물어봤다. 가격을 알고 난 상인은 서둘러 "내가 사겠소. 나에게 파시오!"라고 말했다. 돈을 치른 그는 개장수에게 '좌절'을 자기 집까지 데려다 달라고 부탁했다. 개장수가 떠나자 그는 앞에 있는 '좌절'을 쓰다듬고 싶었다. 그러나 '좌절'은 사납게 "멍멍!" 하고 짖었다. 깜짝 놀란 그는 몇 걸음 물러났다. 그는 자신이 개와 눈높이를 맞추지 않고 서 있어서 '좌절'의 기분이 나빠진 줄 알고 몸을 구부려 그 앞으로 다가가 손을 뻗었다. 그러자 '좌절'은 상인의 두 손가락을 덥석 물어버렸다. 상인이 너무 아파서 집을 뛰쳐나가 실성한 사람처럼 길거리를 뛰어다니자 '좌절'도 그의 뒤를 끝까지 쫓아왔다. 어쩔 수 없이 상인은 황급히 개울로 뛰어들었다. 그런데도 '좌절'은 포기하지 않고 개울을 바라보며 한참을 짖다가 사라졌다. 상인은 숨이 끊어지기 직전에 구조되어 개울가로 올라왔다.

또 다른 상인은 길을 가다가 '좌절'을 만났다. 지금껏 개를 한 번도 본 적이 없었던 그는 조심스럽게 다가가 매끈매끈한 털을 만져보려 했다. 그러자 '좌절'은 금세 알아차리고 상인을 향해 "멍멍!" 하며 사납게 짖기 시작해서 결국에는 상인을 물어뜯으려 달려들었다. 경황이 없었던 상인은 어쩔 수 없이 채찍을 가져다 '좌절'을 몇 차례 호되게 내리쳤다. 그러자 '좌절'은 단번에 꼬리를 내리고 상인에게 고분고분해졌다.

어느 날 두 상인은 함께 사원에 향을 올리러 가게 됐다. 그전에 상인은 멀지 않은 곳에 있는 나무 한 그루를 가리키며 스님에게 물었다.

"스님, 나무 밑에 묶여 있는 '좌절'은 도대체 무슨 동물입니까?"

늙은 스님은 웃으며 대답했다.

"사람의 일생에는 많은 좌절이 있지요. 실제로 좌절은 한 마리 개에 불과합니다. 그러니 그것을 두려워할 필요가 없지요. 그것은 사람이 두려워하면 사나워지고 두려워하지 않으면 당신을 두려워하게 됩니다."

좌절은 약한 사람을 업신여기고 강한 사람에게는 온순한 한 마리 개나 다름없다. 그것은 당신이 두려워할수록 사나워지고 대수롭지 않게 여기면 한층 온순해진다.

강건한 사람은 설령 아무리 많은 고난이 닥쳐도 앞으로 나아가는 발걸음을 멈추지 않는다. 하버드 사람들은 굳게 믿고 있다. 여러 차례 걸려 넘어지고 실패해도 시종일관 충만한 열정과 믿음을 갖고 끝까지 포기하지 않으면 모두의 존경을 받을 가치가 있다는 사실을 말이다. 이러한 사람은 분명 성공할 것이고, 자신이 원하는 바를 이룰 것이다.

곤경은 당신이 움츠러든다고 사라지지 않는다. 오히려 당신이 나약할수록 더욱 강하게 변한다. 평온하기만 한 인생은 없다. 삶의 강자가 되고 싶다면 반드시 용감하고 강인한 정신으로 곤경을 맞이해야 한다.

33

하버드대 교수의
행복 비결

하버드대학의 한 조교는 탈 벤 샤하르 교수와 그의 행복 수업을 다음과 같이 평가했다.

"그의 행복 수업은 출석률이 95퍼센트에 달합니다. 그 수업의 기묘한 점은 모든 학생이 수업 후 마치 봄나들이를 가는 것 같은 가벼운 발걸음으로 교실을 떠난다는 것이죠."

이를 통해 우리는 탈 벤 샤하르라는 사람과 그의 수업의 매력을 엿볼 수 있다.

행복은 누구에게나 매우 강력한 전염력을 갖고 있다. 이러한 행복의 정의는 사람마다 다르므로 행복을 손에 넣는 방법도 물론 천차만별이다. 샤하르 교수는 학생들이 이 사실을 더 쉽게 기억할 수 있도록 행복의 열 가지 비결을 제시했다.

1. 내면의 열정을 따르라

당신에게 의미가 있고 당신을 즐겁게 할 수 있는 과목을 선택하라. A학점을 수월하게 받을 수 있는 강의만을 선택해서는 안 된다. 또는 친구와 함께 강의를 듣거나 사람들이 많이 몰리는 강의도 선택하지 마라.

중국의 대문호 바진巴金은 말했다.

"사람은 몇 살 또는 몇 년 더 살았다고 해서 늙지는 않는다. 사람이 늙는 이유는 이상을 포기하기 때문이다. 세월은 피부를 주름지게 하지만 열정을 잃어버리면 영혼에 주름이 생긴다."

열정을 품고 있는 사람은 항상 한계를 뛰어넘으려 노력하고, 그러면 그 사람의 마음도 영원히 늙지 않는다.

2. 친구들과 함께 보내는 시간을 늘려라

항상 업무에만 열중하지 마라. 친밀한 인간관계는 당신에게 행복을 가져다줄 가능성이 매우 높다.

옛 사람들의 행복에 대한 이해는 비교적 섬세하고 진실했다. 그들은 "봄에는 갖가지 꽃이 피고 가을에는 달이 뜬다. 여름에는 잠시 더위를 식혀줄 소나기가 내리고 겨울에는 눈이 온다. 별것 아닌 일에 대해서 고민하지 않는다면 그 얼마나 좋은 세상인가!"라고 말했다. 행복은 사실 줄곧 당신의 주위에 존재한다. 문제는 과연 행복을 느낄 수 있는 마음을 갖고 있느냐는 것이다. 친구들과 대화하는 시간만 늘려도 당신은 내면의 억압과 우울함이 사라지고 그 자리를 홀가분하고 즐거운 마음이 대신한다는 사실을 발견하게 될 것이다.

3. 실패를 배워라

성공에는 지름길이 없다. 역사적으로도 성공한 사람들은 항상 용감하게 행동했지만 실패도 자주 했다. 실패에 대한 두려움 때문에 새로운 것을 시도하려는 발걸음을 멈춰서는 안 된다.

사람들은 저마다 다양한 실패를 경험한다. 그러면서 누군가는 노력을 포기하기도 하지만 누군가는 조금도 두려워하지 않고 끊임없이 노력해서 결국에는 인생의 강자가 된다. 삶은 누군가를 동정하거나 편애하지 않는다. 실패는 항상 무정하게 다가온다. 에디슨은 실패에 대해 깊이 깨달은 것을 다음과 같이 말했다.

"실패 또한 나에게 필요한 것이다. 그것은 성공보다 더욱 가치가 있다. 이 방법이 안 된다고 깨달은 후 비로소 내가 어떤 방법을 사용해야 하는지 알게 됐다."

실패 속에는 풍부한 경험과 교훈이 잠재돼 있고, 이는 보기 드문 인생의 교재라 할 수 있다. 실패 속에서 배울 수 있는 것은 성공에서 배울 수 있는 것보다 더욱 가치가 있다.

4. 자기 자신을 받아들여라

실망이나 번뇌, 슬픔은 인성의 일부분이다. 이를 받아들이고 자연스러운 일로 생각하라. 그리고 자신이 때로는 실의에 빠지고 슬퍼할 수 있다는 사실을 인정하라. 그런 다음 어떤 일을 할 때 기분이 더 좋아지는지 스스로에게 물어보라.

인생은 단순하지만 그 속에서 부정적인 감정이 끊임없이 생겨나곤 한다. 흐린 날이 있어야 맑은 날이 있는 것처럼 이는 일종의 필연이라 할 수 있다. 이를 깨달아 담담하게 자신의 부정적인 감정을 마주한 다음 가능한 한 빨리 이를 조절하고 변화시킬 수 있는 사람만이 감정의 주재자가 될 수 있고, 행복을 손에 넣을 수 있다.

5. 삶을 간소화하라

뭐든지 많다고 좋은 것은 아니다. 좋은 일이 많다고 반드시 유리하다고 할 수는 없다. 당신은 너무 많은 과목을 선택했는가? 너무 많은 활동에 참가했는가? 중요한 것은 양이 아니라 질이다.

여기서 삶을 간소화하는 것은 결코 생활을 단조롭게 만들라는 뜻이 아니라 마음에 휴식을 주라는 의미다. 이는 막힌 길을 뚫어주고 생각의 공간을 넓혀준다. 마음이 편안해야 품격이 높은 삶을 누릴 수 있다. 이러한 삶은 결코 세상의 흐름에 휘둘리지 않고 본래의 빛을 발한다. 그러면 다른 사람과 옥신각신하느라 지칠 일도 없고, 걱정이 밤낮없이 이어지지도 않는다. 나이가 들어가는 것에 대한 두려움도 사라지고 오로지 행복이 충만한 삶과 담담한 마음만 있을 뿐이다.

6. 규칙적인 운동

운동은 당신의 생활에 가장 중요한 일부분이다. 매주 3회, 30분 정도의 운동을 통해 몸과 마음은 훨씬 건강해질 수 있다. 사람은 병이 나면 비로소 건강하게 살아간다는 것이 얼마나 행복한 일인지 깨닫게 된다. 이는 사람들이 종종 무언가를 잃고 나서야 비로소 그 소중함을 깨닫게 된다는 진리와 부합한다. 신체는 혁명의 근본이자 행복과 즐거움을 얻기 위한 전제조건이다. 동경하는 것, 노력, 분투, 성공 후의 기쁨 등 모든 것에는 건강한 신체가 뒷받침돼야 한다. 그러므로 행복을 얻으려 하기 전에 반드시 자신의 몸 상태를 잘 보살펴야 한다. 매일 30분만 짬을 내어 운동하는 것이 컴퓨터 앞에 앉아 30분을 보내는 것보다 훨씬 유익하다.

7. 수면은 가장 좋은 약이다

수면은 우리의 외모와 정신에 가장 좋은 자양제다. 적절한 수면 환경을 조성하고 숙면을 취하면 인생의 3분의 1이라는 시간을 유익하게 이용하는 셈이다.

8. 베풀어라

현재 지갑 속에 돈이 얼마 없으며 시간도 없다고 다른 사람을 도울 수 없는 것은 아니다. 타인에게 장미를 선물하면 자기 손에는 잔향이 남는다. 다른 사람에게 베풀고 도와주는 사람이 돼라. 인정에서 비롯된 동정심은 다른 사람의 마음에 들어간 후 언젠가 반드시 당신의 마음으로 되돌아온다.

9. 용기를 가져라

용기는 결코 두려워하지 않는 것이 아니라 마음에 두려움이 있어도 의연하게 앞으로 나아가는 것이다.

단테는 "나는 용기와 인내, 신념을 숭배한다. 그것들은 줄곧 내가 이 세상에서 살아가면서 마주하는 곤경에 대처하는 데 도움을 줬다" 라고 말했다. 행복을 추구하는 일이란 험난한 과정이자 마음의 시련이다. 시시각각 용기를 갖고 삶을 마주하는 사람의 인생에는 후퇴나 포기도 없다. 단지 강건함과 필사적인 마음만 있을 뿐이다.

10. 감사를 표현하라

당신에게 주어진 가족, 친구, 건강, 교육환경 등 모든 것을 당연하게 여기지 마라. 이는 모두 한없이 감사해야 할 선물이다. 또한 타인이 베푼 사소한 은혜를 기억하고 시종일관 감사하는 마음을 가져라.

사소한 은혜를 마음속에 기억하면 당신의 마음에는 향기로운 꽃이

197

피기 시작할 것이다. 감사란 은혜를 잊지 않고 보답하는 것이고, 한 방울의 은혜를 펑펑 솟아나는 샘물로 갚는 것이다. 감사는 일종의 미덕이자 경지다. 또한 감사는 당신에게 소중한 기회이자 평생을 걸쳐 완성할 가치가 있는 것이다. 감사는 우리의 삶을 더욱 풍요롭게 하며, 즐거움을 알게 하고, 따스함을 누릴 수 있게 한다. 그리고 감사는 사람들에게 사랑을 알게 하고, 이를 통해 사랑을 얻게 한다.

결론적으로 말하자면 삶에서 느끼는 행복의 방식은 매우 다양하다. 최선을 다해 그것을 느끼고 주의 깊게 발견하면 행복은 그림자처럼 당신과 항상 함께할 것이다.

6장

성공은 실패를
경험한 다음에
천천히 찾아온다

실패를 배워라. 실패에 대한 두려움이 새
로운 것을 시도하려는 당신의 발걸음을
방해하게 내버려두지 마라.

탈벤 샤하르, 전 하버드대학 교수

34

고통은 작은 에피소드에
불과하다

행복한 사람에게도 감정의 기복이 생긴다. 그러나 이는 이따금 벌어지는 일에 불과하다. 대개 긍정적인 기분, 예를 들면 즐거움이나 사랑이 그의 원동력이 되기 때문이다. 이러한 사람이 혐오감이나 양심의 가책에 좌우되는 일은 매우 드물다. 그에게 즐거움은 일반적인 상태고 고통은 작은 에피소드에 불과하다.

사람들은 항상 어떻게 하면 고통에서 벗어날 수 있을지 생각한다. 그러나 우리는 고통이 반드시 필요한 과정이며 일종의 성장이라는 사실을 모른다. 고통이 있어야만 인생의 달콤함을 맛볼 수 있고, 인생도 비약적으로 변화한다.

잭과 그의 아버지 바론은 도자기를 팔며 살아가고 있었다. 그날도 두 사람은 도자기를 팔러 집을 나섰다. 잭은 도자기를 메고 앞서 걸었고, 아버지는 필요한 공구를 들고 뒤를 따랐다. 전날 내린 비 때문에 길이 조금 미끄러웠다.

작은 돌다리를 건널 때의 일이었다. 다리 위에 물이 고여 매우 미끄러웠기 때문에 잭은 휘청했다. 손으로 난간을 잡으려 했지만 잡지 못해 넘어지고 말았다. 결국 도자기는 땅에 떨어져 부서져버렸다. 깜짝 놀라 서둘러 일어선 잭은 부서진 도자기 더미 속에서 고개를 숙이고 괴로워하며 중얼거렸다.

"정말 끝장이야. 이렇게나 많이 깨졌으니 손해도 크고 장사도 제대로 하긴 힘들 거야. 앞으로 어떻게 살아야 하지?"

이때 아버지가 다가오더니 미소를 지으며 말했다.

"우리는 운이 진짜 좋은 거다. 그렇지 않니? 다행히도 전부 깨지지는 않았잖아! 깨지지 않은 도자기로 계속 장사를 하면 전과 다름없는 생활을 할 수 있을 거야. 도자기가 깨진 것은 결코 나쁜 일이 아니란다. 이 일 덕분에 네가 깨달음을 얻을 수 있잖니. 우리의 삶에는 항상 예상치 못한 일이 일어난다는 사실을 말이다. 그러니 비관하거나 무력해져서는 안 된단다. 자신이 가진 것을 소중히 하고 낙관적인 태도로 불행을 마주해야 해. 다른 각도에서 문제를 살펴보면 우리의 삶에는 항상 즐거움이 존재한단다."

아버지의 말씀을 듣고 나서 잭은 마음이 가벼워졌다. 그래서 깨지지 않은 도자기를 챙겨서 도시에 들어가 계속 장사를 했다. 훗날 잭은 유명한 도자기 상인이 됐다.

똑같은 일이라도 그것을 대하는 태도가 다르면 결과도 달라지기 마련이다. 비관적이고 부정적인 태도는 당신을 다시 일어서지 못하게 만들 수도 있다. 반면 낙관적이고 긍정적인 태도는 당신을 다시 일어서게 한다.

인생은 길고 긴 과정이다. 우리는 실패를 통해 성장하고 무언가를 잃음으로 소중함을 깨닫는다. 그러므로 고난을 겪을 때도 긍정적인 태도를 유지해야 한다. 그래야만 비로소 미래로 전진할 수 있기 때문이다. 고난이 닥쳤을 때 비관하고 실망하기만 하면 다시 일어서지 못한다. 그렇게 되면 길고 긴 인생의 길을 계속 걸어가기란 매우 어렵다. 우리는 멋진 인생을 살아갈 수도 있고, 우울한 인생을 살아갈 수도 있다. 이는 모두 마음에 달려 있다. 길고 긴 인생을 너무 비관적으로 살아가면 고통에 의해 무너질 수 있다. 사람이 긴 인생을 살아가는 전제 조건은 바로 즐거움이다. 즐거움만이 계속해서 살아나갈 수 있는 동력을 줄 수 있다.

영국의 극작가이자 시인 셰익스피어는 말했다.

"현명한 사람은 자신이 잃어버린 것 때문에 영원히 같은 자리에 앉아 슬퍼하지 않는다. 그들은 기꺼이 자신의 상처를 치유할 방법을 생각한다."

현명한 사람은 반드시 담담하게 고난과 슬픔을 마주할 줄 안다. 또한 걱정을 버리고 자신감과 희망으로 아름다운 내일을 만들어갈 수 있다.

35

눅눅한 성냥은
희망의 불꽃을 피우지 못한다

자신감은 삶의 가장 위대한 역량이다. 이는 어려움을 이겨내고 성공의 기적을 창조하는 데 기초가 된다.

"자신감은 성공의 으뜸가는 비결이다"라는 에머슨의 말은 수많은 학생과 창업자를 격려했다. 그리고 그들이 어려움을 헤치고 용감하게 미래를 향해 나아가도록 만들었다.

깜깜한 밤에 경작한 토양에서는 들풀 씨앗의 발아율이 단지 2퍼센트에 불과하다. 그러나 낮에 경작한 토양에서는 그 40배나 되는 80퍼센트에 달하는데 이는 독일의 유명한 농학자 슈뢰터$^{Carl\ Schroter}$가 연구를 통해 발견한 사실이다.

　그는 문제의 본질을 확실히 하기 위해 한 단계 더 나아간 연구를 진행했고 결국 본질을 발견할 수 있었다. 들풀 씨앗은 대부분 토양에 뿌려진 다음 몇 시간 동안 빛의 자극을 받지 못하면 발아하기 힘들다는 것이다.

　우리는 밤처럼 어두운 인생의 시기를 보낼 때 자신감이라는 한 가닥 빛을 잊지 말아야 한다. 어쩌면 그 빛은 미약해 보일지도 모르지만 당신의 인생을 구할 수 있다.

　중국의 옛말에 "사람은 누구나 순舜임금과 요堯임금이 될 수 있다"라는 말이 있다. 마음만 먹으면 임금도 될 수 있다는 이 말처럼 반드시 승리하리란 자신감을 갖고 있으면 우리는 어려움을 극복할 수 있을 것이다. 자신감이 부족한 사람은 축축하게 젖은 성냥과도 같아서 희망의 불꽃을 피우지 못한다.

　주위를 보면 세상에서 가장 좋은 것은 절대 자신의 소유가 될 수 없다고 생각하는 사람들이 있다. 그들은 이러한 것이 모두 특별한 사람들을 위한 것이며 자신과는 인연이 없다고 믿는다. 이와 같이 자기 비하를 하는 사람이 위대한 업적에 대한 신념을 논할 수 없는 것은 당연지사다.

　한 병사가 나폴레옹에게 편지를 전해주기 위해 서둘러 달려가고 있었다. 말을 재촉한 까닭에 온 힘을 다해 너무 빠른 속도로 달린 말은 목적지에 도달하기도 전에 쓰러져 죽어버리고 말았다. 병사는 가까스로 나폴레옹에게 편지를 전해줬고, 나폴레옹은 즉시 회신을 쓴 다음 병사에게 건넸다. 그러면서 병사에게 자신의 말을 타고 가면 더 빨리 회신을 전할 수 있을 거라고 얘기했다. 그러나 화려하고 강건한 나폴레옹의 말을 보고 주눅이 든 병사는 "안 됩니다. 저 같은 말단 병사에게 화려하고 건장한 준마는 어울리지 않습니다!"라고 대답했다.

그러자 나폴레옹은 "이 세상에 프랑스 병사에게 어울리지 않는 것은 없네"라고 말했다.

혹시 당신도 이야기 속에 등장하는 병사 같은 생각을 하고 있지는 않은가? 마음속 깊은 곳에서부터 자신을 비하하고, 당당하게 요구하지 못하며, 나아가 공개적인 장소에서 자신을 드러내지 못하는가? 자기 비하는 발전을 꾀하지 않고 자신을 도태시키는 변명이자 구실에 불과하다.

일본의 오자와 세이지小澤征爾는 세계적으로 명성이 높은 오케스트라 지휘자다. 그는 과거에 우수한 지휘자를 뽑는 세계대회에 참가한 적이 있었다. 결승에서 심사위원은 그에게 악보를 건네주며 이대로 연주해달라고 부탁했다. 연주를 하던 도중에 그는 화음이 맞지 않는 부분을 발견했다. 처음에 그는 오케스트라가 연주를 잘못한 것이라고 생각해 일단 연주를 중지시켰다가 다시 시작했지만 여전히 화음이 맞지 않았다. 그는 악보에 문제가 있다고 생각했다. 그러나 그 자리에 있던 권위 있는 작곡가와 심사위원들은 그의 생각을 인정하지 않았고 그가 틀린 것이라며 큰소리쳤다. 그는 잠시 생각해본 후 음악의 대가와 권위자 앞에서 단호하게 큰소리로 외쳤다.

"아닙니다! 분명히 악보가 틀린 겁니다!"

그의 말이 떨어지기가 무섭게 심사위원들은 별떡 일어나 열렬한 박수로 화답했다. 이는 오자와 세이지가 그 대회에서 우승했음을 알리는 축하의 표시였다.

사실 이것은 심사위원이 공들여 설치한 '함정'이었다. 그들은 악보에 잘못된 점이 있다는 사실을 발견한 지휘자가 권위자들이 '부정'하는 가운데 자신의 정확한 주장을 고수할 수 있는가를 검증하려 했다. 오자와 세이지보다 먼저 참가한 두 명의 지휘자들은 잘못된 점을 발견했지만 권위자들의 '부정'과 타협하며 자신에 대한 믿음을 잃고 말았다. 이에 그들은 결국 탈락했다. 반면 오자와 세이지는 충만한 자신감으로 세계 지휘자 대회의 우승을 거머쥐었다.

서양의 한 철학자는 "내가 만약 한 덩이 흙이라면 나는 이 흙에 가장 용감한 사람의 발자국을 남길 것이다"라고 말했다. 표정과 언행에 시시각각 자기 비하가 드러나고 자신을 존중하지 않으며 자신감이 없는 사람이 어떻게 다른 사람의 존중과 신뢰를 얻을 수 있겠는가?

성공자는 자신감을 가진 반면 실패자는 열등감을 갖고 있다. 계속되는 성공은 자신감을 키우지만 거듭되는 실패는 사람을 갈수록 비

굴하게 만든다. 사실 자신감을 갖고 있던 사람도 몇 차례의 실패를 겪고 나면 열등감을 갖게 된다. 자신감이 없을 때는 어떤 일을 해도 잘 풀리지 않는다. 그렇게 되면 또 자신감을 잃게 되고 이는 악순환이 돼버린다. 이러한 악순환에서 벗어나려면 우선 가장 자신 있게 해낼 수 있는 일부터 시작해보라. 이로써 성공을 거듭하면 자신감은 갈수록 강해질 것이다.

자신감은 삶에 직면하는 용기이자 신념의 일종이다. 자신감은 내면에 존재하지만 사람의 행동을 통해 드러난다. 자신감이 있는 사람에게는 항상 행운이 따른다. 그들은 자신이 원하는 삶을 위해 끊임없이 노력하고, 그들이 걸어가는 길에는 항상 찬란한 빛이 충만하다.

36

모든 경험은
하나의 단련이다

따뜻한 바람이 얼굴을 스쳐지나가며 향기로운 꽃이 만발하고 새가 지저귀는 아름다운 풍경을 바라보면 당신은 만물이 소생하는 봄에 빠져들 것이다. 들판이 황금빛으로 물들고 과실이 주렁주렁 열리는 풍경을 보면 풍성하고 여유로운 가을에 감탄할 것이다. 그러나 당신은 온화한 봄이 엄동설한의 시련을 견뎌낸 후에야 비로소 찾아온다는 사실을, 그리고 가을의 아름다운 풍경은 무더위를 견뎌내고 생겨난 결정이라는 사실을 깨닫지 못할 것이다. 돌이켜 생각해보면 우리의 인생도 이와 다르지 않다. 분투하는 시련을 겪지 않고 어떻게 인생의 아름다운 풍경을 얻을 수 있겠는가?

살면서 모든 일을 자기 뜻대로 이루는 사람은 없다. 성장하는 과정에서 우리는 모두 좌절을 겪고 다른 사람의 오해나 비판도 받는다. 어쩌면 우리는 그것을 넘지 못할 장애물로 생각할지도 모르지만, 이는 성장 속에서 맛볼 수 있는 다양한 묘미다. 묘목이 하늘 높이 치솟은 큰 나무가 되려면 햇빛과 양분을 얻어야 하는 것처럼 우리도 무언가를 이뤄내기 위해서는 반드시 이러한 고초를 거쳐야 한다. 온실 속의 화초는 비록 아름답기는 해도 사람의 마음속 깊이 스며드는 꽃향기를 내뿜지는 못한다는 사실을 기억해야 한다.

하버드의 교학 이념에는 "우리 인생은 흐르는 강과 같아서 단련을 경험하지 않으면 단조롭고 미성숙할 수밖에 없다"라는 말이 있다. 하버드의 어느 교수가 이에 대해 다음과 같은 얘기를 들려줬다.

감진鑑眞 대사가 막 불교에 입교했을 때 사원의 주지스님은 그에게 행각승을 시켰다. 이 일은 매우 고돼서 다른 사람들은 모두 원하지 않는 일이었다.

2년 동안 그는 주지스님이 시킨 일을 모두 성실하게 해냈다. 매일 힘든 일을 하면서도 그는 주지스님에게 한 번도 불평한 적이 없었다. 그러나 어느 날 머릿속에 떠오른 한 가지 문제가 그를 괴롭혔다. 다른 사람들은 꽤 수월한 일을 하는데 왜 나는 사원에서 가장 힘들고 고된 일을 해야 하는 것일까? 게다가 장장 2년 동안이나 계속되고 있지 않은가?

그의 마음은 한순간에 무너졌다. 주지스님이 불공평하게 일을 분배한다고 생각한 그는 굉장히 억울했다. 어느 날, 해가 중천에 떴는데도 감진스님은 잠자리에서 일어날 생각을 하지 않았다. 이상하게 생각한 주지스님은 감진스님의 방문을 열어봤다. 감진스님의 침상 옆에는 너덜너덜해진 신발이 쌓여 있었다. 주지스님은 도대체 무슨 일인가 싶어 감진스님에게 물었다.

"자네, 오늘은 탁발하러 가지 않는가? 그리고 신발은 왜 이렇게 쌓아놓았는가?"

감진스님은 하품을 하며 말했다.

"다른 사람들은 1년에 신발 한 켤레면 족한데 저는 승려가 된 지 1년 반 만에 이렇게 많은 신발이 다 닳았습니다."

감진스님의 말을 듣고 그 의미를 깨달은 주지스님은 미소를 지으며 말했다.

"간밤에 비가 내렸으니 우리 함께 절 앞을 좀 걸어봄세."

절 앞에는 황토로 된 언덕이 있었는데 비가 내린 지 얼마 되지 않아서 길이 질퍽거렸다.

주지스님은 감진스님의 어깨를 치며 말했다.

"자네는 하루 종일 종을 치는 승려가 되고 싶은가 아니면 불법을 깨닫는 진정한 승려가 되고 싶은가?"

감진스님은 대답했다.

"물론 불법을 깨닫는 진정한 승려가 되고 싶습니다."

주지스님은 수염을 어루만지면서 웃으며 말했다.

"어제 이 길을 걸어보았는가?"

감진스님은 "그렇습니다"라고 대답했다.

주지스님이 물었다.

"그럼 여기서 자네의 발자국을 찾을 수 있겠는가?"

감진스님은 주지스님의 말이 무슨 뜻인지 알 수 없어서 물었다.

"제가 매일 지나다니는 길은 마르고 단단한데 어디서 제 발자국을 찾습니까?"

감진스님의 대답을 듣고 주지스님은 웃으며 말했다.

"그럼 오늘 이 길을 걷는다면 발자국을 찾을 수 있을 것 같은가?"

감진스님은 말했다.

"물론 찾을 수 있지요."

주지스님은 아무 말도 하지 않고 그저 미소를 지으며 감진스님을 바라봤다. 감진스님은 멍하니 있다가 금방 주지스님의 가르침을 깨달았다.

비바람을 겪지 않은 인생은 평탄하다. 단단한 길에 아무런 발자국을 남기지 못하는 것과 같다. 비바람 속을 걸어온 사람이야말로 고통과 즐거움의 진정한 의미를 안다. 이러한 도리를 알려주는 비슷한 얘기가 또 하나 있다.

어느 날, 세상일에 달관한 한 소년이 모든 것을 내려놓고 출가해 속세와의 인연을 끊기로 했다. 소년은 천신만고 끝에 깊은 산속에 숨어 있는 사원을 찾아 주지스님을 뵙고 자신을 출가하게 해달라고 부탁했다. 그는 깊은 산속에 있는 사원만이 속세의 소란스러움과 번잡함을 벗어버릴 수 있는 곳이라고 생각했다. 주지스님은 소년에게 물었다.

"스님이 된다는 것은 홀로 등불을 지키는 것과 같다. 평생 결혼도 못하는데 네가 할 수 있겠느냐?"

소년은 단호하게 할 수 있다고 대답했다. 그러자 주지스님이 또 물었다.

"스님이 되면 삼시세끼 채식을 하고 더운 여름이나 추운 겨울이나 얇고 낡은 옷을 입어야 하는데 정말 참을 수 있겠느냐?"

소년은 다시금 단호하게 할 수 있다고 대답했다. 그러자 주지스님이 또 물었다.

"스님이 되려면 우선 욕구와 증오가 없어야 하고, 정을 베풀고도 보답을 바라지 않아야 하며, 원한을 기억해서도 안 된다. 항상 맑은 거울 같은 마음을 유지하고 속세에 물들어서는 안 된다. 할 수 있겠느냐?"

소년은 여전히 단호하게 할 수 있다고 말했다. 주지스님은 재차 불법에 대한 지식을 물었고 소년은 빠르게 대답했다. 그러나 결국 주지스님은 소년을 배웅해주겠다고 했다. 크게 실망한 소년은 주지스님을 따라 산을 내려갔다. 헤어지기 전에 주지스님은 소년에게 한마디 남겼다.

"일찍이 가진 것이 없으면서 함부로 모든 것을 내려놓았다고 얘기하지 마라. 네가 진정으로 무언가를 얻었을 때 다시 나를 찾아와 네가 과연 그것을 놓았는지 놓지 못했는지 얘기해주렴."

소년에게 인생은 갓 시작된 것이나 마찬가지다. 그의 경험은 인생의 아주 작은 단락에 불과하다. 만약 이로써 자신의 인생을 정의한다면, 심지어 생과 사를 함부로 논하고 속세를 달관했다고 생각한다면 이는 너무 극단적이라 할 수 있다. 삶의 고난을 겪어보지도 않고 사는 게 쉽지 않다는 사실을 어떻게 이해할 수 있을까? 평탄한 삶이 행복이라는 사실을 고통을 겪어보지 않은 사람이 어떻게 알 수 있단 말인가?

설탕은 끝까지 맛을 다 봐야 달콤함을 얘기할 수 있고, 소금도 끝까지 맛을 다 봐야 짠 맛을 이해할 수 있는 법이다. 생사를 가볍게 얘기할 때 우리는 과연 생사를 가볍게 얘기할 수 있는 경지에 이른 것일까? 아무렇지 않게 즐거움을 논할 때 우리는 과연 충분한 고통을 겪었다고 말할 수 있을까?

인생에는 울퉁불퉁한 길이 충만하기에 다채롭다. 고난이 찾아오는 것을 좋아하는 사람은 아마 없을 것이다. 그렇지만 정말 고난이 찾아왔을 때 우리는 이를 반드시 용감하게 마주하고 받아들여야 한다. 고

215

난은 악마나 마찬가지다. 그것은 당신이 마음에 들면 계속 당신을 따라다니면서 극복할 때까지 절대 놓지 않는다. 숨거나 도망가기를 선택한 사람은 참혹할 정도로 고난의 괴롭힘을 받는다.

무릇 큰일을 이룬 사람은 반드시 실패를 경험한다. 성공에는 비바람의 시련이 필요하다. 추구하는 바와 포부가 있는 사람은 좌절을 전진의 원동력으로 생각한다. "하늘의 시련을 겪어낸 사람만이 진정한 강자이며 사람들의 질투를 받지 않는 사람은 평범한 사람이다"라는 말처럼 시련은 성공하는 사람들에게 성공의 도약판이자 소중한 자산이다.

누군가 말했다. 성공한 인생에는 고통과 실패가 가득하고, 고난과 순조로움이 번갈아가며 나타나는 것이라고. 탁월한 인생은 탁월한 목표에서 시작되고 그 배후에는 반드시 가시밭길이 존재한다. 이러한 시련을 받아야만 성공을 좇는 우리의 의지는 더욱 확고해진다. 시련은 인생에 있어 더없이 귀중한 재산이다. 이를 소유해야만 정면으로 다가오는 시련을 극복할 능력이 생긴다. 풍부한 인생 경험은 성공으로 가는 초석이나 다름없다.

37

실패를 배우지 않으면
배우는 데 실패한다

"Learn to fail or fail to learn(실패를 배우지 않으면 배우는 데 실패한다)"라는 말은 하버드대학의 탈 벤 샤하르 교수가 학생들에게 들려준 격언이다.

샤하르 교수는 말했다.

"모든 사람은 비틀거리며 걸음마를 배워야 지금처럼 우아하게 걸을 수 있게 된다. 이처럼 사람은 무수한 실패를 경험해야 비로소 성공을 얻는다."

즉, 진정한 성공자는 실패를 마주하면서 실패를 이해하게 된다.

학생들은 자신의 미래에 대해 상당한 막연함과 곤혹을 느낀다. 이런 학생들을 위해 샤하르 교수는 다음과 같이 말했다.

"실패는 결코 두려운 존재가 아니다. 성공의 확률을 높이기 위한 유일한 방법은 실패할 확률을 두 배로 올리는 것이다."

인생길을 마지막까지 순탄하게 걸어갈 수 있는 사람은 없다. 성공한 사람들 중에 천신만고와 고진감래를 겪지 않은 사람이 과연 있을까? 성공은 손에 넣기 쉽지 않다. 무수한 실패가 성공으로 이어지는 것이다. 수없이 많은 실패로 경험이 생기고 성공은 이를 통해 비롯된다. 나폴레옹은 "실패에서 교훈을 배우지 않는 사람은 성공의 길과 멀어진다"라고 말했다.

어느 교수가 학생들에게 다음과 같은 우화를 들려줬다.

쥐 잡는 기술이 매우 뛰어난 고양이가 있었다. 그는 절대 쥐를 놓치는 법이 없었다. 이에 다른 사람들은 그를 고양이의 왕이라 불렀다. 그러나 고양이의 왕은 나이가 들자 수많은 고민이 생겨났고 이를 여기저기 하소연했다.

"정말 이해할 수가 없어. 난 뛰어난 쥐 잡이 기술을 갖고 있는데 왜 우리 아이들은 그렇게 형편없을까? 아이들이 철들기 시작할 무렵부터 나는 기술을 전수하기 시작했어. 아이들에게 쥐의 특징을 가르쳐주고, 어떻게 하면 놀라게 하지 않고 쥐를 잡을 수 있는지 실전을 통해 알려줬지. 나는 평생 내가 할 수 있었던 일을 모두 아이들에게 가르쳐주고 싶었어. 그렇지만 그 아이들의 실력은 바보 같은 고양이의 자식들과 다름이 없다고. 그래서 나는 너무 마음이 아파!"

길을 지나가던 사람이 고양이의 얘기를 듣고 물었다.

"너는 항상 직접 아이들을 가르쳤니?"

"그렇고말고. 일류 기술을 전수하기 위해 나는 항상 직접 아이들을 가르쳐왔어."

행인은 물었다.

"그렇다면 문제는 너한테 있는 거네. 비록 네가 그들에게 기술을 전수하기는 했지만 교훈은 전수하지 못한 거잖아. 실패의 교훈을 경험하지 못했다는 건 경험이 아예 없는 거나 마찬가지야!"

이는 우화에 불과하지만 현실에서 이러한 일은 적지 않게 일어난다. 실패를 겪지 않은 사람이 어떻게 성공을 바라볼 수 있겠는가?

철학자 엘버트 허버드Elbert Hubbard는 "사람이 저지르는 가장 큰 실수는 바로 잘못을 저지를까 두려워하는 것이다"라고 말했다. 잘못이나 실패가 두려워 아무것도 시도하지 않으면 성공은 결코 당신의 것이 될 수 없다. 용감하게 실패를 받아들이고 실패에서 경험과 교훈을 수용하고 끊임없이 노력해야 비로소 최후의 승리를 거둘 수 있다. 살아가면서 젊은이들은 실패를 두려워하지 말아야 한다. 실패는 결코 두려운 것이 아니다.

"그 길은 힘들고 질퍽거렸다. 나는 한 발이 미끄러져 다른 한 발로 불안정하게 서 있었다. 그러나 나는 숨을 가다듬고 자신에게 말했다. '이는 결코 넘어진 것이 아니며 죽어서 빠져나오지 못할 일도 아니다.'" 링컨이 참의원 경선에서 실패한 다음에 남긴 말이다.

한편 전구를 발명한 에디슨은 수많은 실패를 거듭했다. 그가 1,000여 종류의 재료를 필라멘트로 사용했을 때 조수는 그에게 말했다.

"선생님, 벌써 1,000번도 넘게 실패하셨잖아요. 성공은 진즉에 멀어졌다고요. 그러니 포기하세요!"

그러나 에디슨은 조수의 권고를 받아들이지 않고 이렇게 말했다.

"내가 지금까지 얻은 수확은 썩 괜찮은 편이지. 적어도 1,000여 종류의 재료를 필라멘트로 쓸 수 없다는 사실을 알게 되었으니까."

결국 6,000번이 넘는 실험 끝에 에디슨은 필라멘트에 적합한 재료를 찾아냈고 인류 역사상 처음으로 전구를 발명했다.

살아가면서 결코 실패를 피할 수는 없다. 또한 우리는 성공을 실패보다 소중히 생각하기 때문에 더 많이 실패하는 것이다. 실패를 한 번 겪고는 다시 일어나지 못하고 의기소침한 사람에게 성공의 희망이란 존재하지 않는다. 그들의 눈에 성공은 불가능한 것이고 모든 일은 실패의 그림자에 가려져 어려움으로 변한다. 일단 이러한 관념이 형성되면 그 사람은 실패의 깊은 수렁에 빠져 영원히 헤어나지 못한다.

에디슨은 다음과 같은 의미심장한 말을 남겼다.

"실패도 우리에게 필요하다. 그것은 성공과 똑같은 가치가 있다. 나는 사용할 수 없는 모든 방법을 알고 난 후에야 비로소 가장 적절한 방법을 알게 됐다."

거듭되는 실패는 모두 당신에게 더 많은 것을 배우게 하고 성공에 한 발짝 더 다가서게 한다. 실패를 겪지 않으면 절대 성공의 비결을 배울 수 없다.

메리 케이^{Mary Kay}는 시장조사를 거쳐 자신이 반평생 모아온 5,000달러를 전부 투자해 메리 케이라는 화장품 회사를 창업하기로 결정했다. 회사를 설립한 후 참가한 첫 전시판매회에서 그녀는 다양한 효능을 가진 화장품을 중점적으로 추천했다. 그녀는 화장품의 특별한 효능이 전시판매회에서 센세이션을 일으킬 것이라 생각했다. 그러나 사람의 생각은 항상 하늘의 생각을 따라가지 못하는 법, 전시판매회가 끝나고 결산해보니 1.5달러 스킨케어 제품 몇 개만 판매했을 뿐이었다.

예상과는 다른 실패에 메리 케이는 눈물을 참을 수 없었다. 실패를 겪은 그녀는 열심히 분석했다. 그리고 생산관리에 중점을 두는 동시에 서비스를 강화했다. 20년간 고심하고 경영한 끝에 메리 케이의 회사는 창업할 때 아홉 명이던 직원이 현재는 5,000명으로 늘어났다. 작은 회사에서 세계적으로 유명한 글로벌 기업으로 발돋움했으며 연수익은 3억 달러에 달했다. 실패를 경험한 메리 케이는 결국 성공을 거뒀다.

성공은 항상 실패를 경험한 다음에야 천천히 찾아온다. 실패를 직시하는 일은 성공을 향해 나아가는 데 반드시 필요한 마음가짐이다. 실패는 일종의 학습이며 경험이다. 그것은 성공의 무덤이 될 수도 있고 발판이 될 수도 있다.

38

왜 행복은
찾아오지 않았던 것일까

우리의 마음에는 '허영'이라는 것이 존재한다. 허영 때문에 자신의 우울함을 숨기고, 심지어는 다른 사람들보다 행복해 보이기 위해 기꺼이 대가를 치른다. 그래서 별로 즐겁지 않아도 늘 억지로 웃는 표정을 짓는다. 때로는 다른 사람의 부러움을 사기 위해 막대한 대가를 지불하기도 한다.

이러한 심리 때문에 우리의 내면은 불안정하다. 모두가 자기보다 행복하게 살고 있는 것처럼 보이기 때문이다. 우리는 항상 다른 사람을 바라보며 그들은 왜 저렇게 행복하게 살아가는지 생각한다. 이로 인해 우리는 자기도 모르는 사이에 일종의 잘못된 프레임에 갇히게 된다. 바로 자신의 삶에 불만을 품고 끊임없이 다른 사람의 삶을 부러워하면서 허상의 행복을 만들어내 타인을 현혹시키는 것이다. 이것이 바로 탈 벤 샤하르 교수의 행복 수업 내용이다.

우리는 행복한 척 가장해서 다른 사람들을 착각하게 만든다. 사실 행복한지 아닌지는 자신이 가장 잘 알고 있다. 어떤 사람들은 매일 일에 몰두하며 자기 내면의 진실한 감정을 소홀히 한다. 오로지 돈을 더 많이 벌 생각만 하며 돈을 이용해 스스로 행복의 허상을 만든다. 다른 사람이 자기보다 행복한 모습을 보면 마음의 균형이 무너져 백화점으로 달려가 신용카드를 긁는다. 고급 브랜드 옷을 사들여 차려입은 다음 정신이 나간 상태로 잇달아 모임에 참가한다. 사람들의 무리 속에서 탁상공론을 끊임없이 늘어놓으며 될 수 있는 한 자신의 신분과 지위를 드러내려 노력한다. 그 사람들이 다 떠난 뒤에야 비로소 혼자 슬픔을 느끼고 우울해한다. 그러면서 자신이 정말로 행복한지 끊임없이 묻는다.

이렇게 되면 마치 행복이 우리 자신의 일이 아니라 다른 사람의 일인 것처럼 느껴진다. 심지어 우리는 자신의 행복을 추구하는 와중에도 다른 사람의 행복을 바라본다. 그들의 경험을 통해 조금이라도 배울 것이 있기 때문이다. 결국 최선을 다해도 자신이 추구하는 행복에 도달하지 못하면 또 다시 다른 사람들의 행복을 부러워하면서 한탄한다. '아! 다른 사람들은 다들 저렇게 행복한데 왜 행복은 나에게는 찾아오지 않는 것일까?' 그러나 사실 행복은 겉으로 느끼는 만족감이 아니라 마음의 평안과 희열에서 오는 것이다.

옛날 어느 나라에 부유한 왕이 있었다. 그의 궁전은 호화롭고 아름다웠으며, 그가 소유한 재물은 너무 많아서 셀 수 없을 정도였다. 왕은 식사 때면 항상 산해진미를 맛보았고, 무수한 시중과 하인이 그의 분부를 기다리고 있었다. 사람들의 눈에 왕은 이 세상에서 가장 행복한 사람으로 비쳤다.

어느 날, 왕의 친구가 왕을 부러워하며 이렇게 말했다.

"자네는 얼마나 행복한가! 모든 것을 갖고 있으니 자네는 이 세상에서 가장 행복한 사람일세."

그러자 왕이 대답했다.

"자네는 정말로 내가 그 누구보다 행복하다고 생각하는가?"

"그럼 아니란 말인가? 자네는 무한한 보물과 막강한 권력을 갖고 있네. 이 세상에 자네가 걱정할 일이 뭐가 있는가? 그러니 가장 행복한 인생을 살고 있지 않는가."

왕은 웃음을 터뜨리더니 친구에게 말했다.

"그렇다면 자네, 하루 동안 왕이 돼보는 것은 어떻겠는가?"

다음 날, 왕은 친구를 궁전으로 불러들였다. 그런 다음 모든 시중과 하인에게 그를 왕과 똑같이 대하라고 분부했다. 그리하여 하인들은 그에게 왕의 옷을 입히고 왕관을 씌워줬다. 그런 다음 그를 연회장으

6장 성공은 실패를 경험한 다음에 천천히 찾아온다

로 안내했다. 하인들은 그를 위해 산해진미를 준비했다. 비싼 술과 아름다운 꽃, 진기한 보물을 비롯해 그의 곁에는 흥겨운 음악까지 흘러나오고 있었다. 폭신폭신한 의자 쿠션에 기대고 있던 그는 돌연 자신이 세상에서 가장 행복한 사람이라는 생각이 들었다.

찻잔을 들어 차를 마시려 할 때 그는 눈을 들어 천장을 바라봤다. 천장에는 무언가가 자신의 정수리를 조준해 매달려 있었다. 자세히 살펴본 그는 깜짝 놀라 소리를 질렀다. 천장에 매달려 있던 것은 바로 검이었고, 검의 뾰족한 끝은 자신의 정수리를 향해 있었다.

그의 얼굴에서는 웃음기가 싹 사라졌고 안색도 창백해졌다. 그에게 더 이상 그 어떤 산해진미나 음악도 필요 없었다. 당장이라도 그 자리를 떠나고 싶을 뿐이었다.

이때 왕이 웃으며 "왜 그러나? 입맛이 없는가?"라고 물었다. 친구는 벌벌 떨며 "머리 위에 검이 있는데 자네 눈에는 안 보이는가?"라고 물었다. 왕은 이렇게 답했다.

"물론 보이고말고. 심지어 나는 매일 그것을 보고 있네. 나는 검을 내 정수리 바로 위에 걸어놓고 누군가 나를 살해할 수도 있다고 항상 나를 일깨우지. 어쩌면 신하들이 반역을 꾀해서 나를 암살하려 할 수도 있고, 누군가 나에 대한 나쁜 헛소문을 퍼뜨려 백성들이 나를 폐위시키려 할 수도 있지. 이웃나라의 왕이 나를 공격하기 위해 파병을 해서 왕위를 빼앗을지도 모르고, 내가 내 한 몸을 위한 사욕을 채우기 위해 잘못된 결정을 내려 자멸을 초래할 수도 있네. 만약 자네가 권력을 누리고 싶다면 반드시 위험도 받아들여야 하네. 명심하게. 권력이나 부귀에는 모두 위험이 따른다는 사실을 말일세."

왕의 말을 들은 순간 친구는 가장 행복한 사람은 자기 자신이라는 사실을 깨달았다. 비록 화려한 궁전에 살고 있지 않아도, 맛있는 요리를 먹을 수 없어도 말이다. 적어도 그는 밥을 먹을 때나 잠을 잘 때 머리 위에서 언제든지 검이 떨어질 수 있다는 걱정을 할 필요는 없지 않은가!

사실 우리는 다른 사람의 행복을 부러워할 필요가 전혀 없다. 그러니 다른 사람을 의식해 자신의 생활에 그림자를 드리우거나 억지로 행복을 가장해서 다른 사람을 현혹시킬 필요도 없다. 행복이란 그 누구도 아닌 우리 자신의 일이기 때문이다.

39

중간에 포기하면
아무것도 이룰 수 없다

무슨 일을 하든지 시종일관 한결같은 사람이 있다면 그는 분명 삶의 강자이자 인생을 성공적으로 살아갈 수 있는 사람이다.

하버드의 학생들은 어떤 일을 할 때 한결같은 태도를 유지해야 한다는 것을 잘 알고 있다. 시작이 좋아야 할 뿐만 아니라 끝도 좋아야 한다. 어떤 일을 할 때 시작은 좋지만 계속해서 유지하지 못하는 사람이 많다. 이러한 사람에게는 아무리 노력해도 항상 봄만 시작될 뿐 수확의 계절인 가을은 찾아오지 않는다.

하버드의 어느 심리학과 교수가 강의에서 다음과 같은 얘기를 들려줬다.

평생 동안 목공일을 하다 은퇴를 앞둔 목수가 있었다. 그는 지금까지 회사에 많은 공헌을 했다. 일을 시작한 첫날부터 오늘에 이르기까지, 일개 견습생에서 장인이 되기까지 한 걸음 한 걸음 전진하여 현재에 이르렀다.

그는 사장에게 더 이상 몸이 견뎌내지 못하니 가정으로 돌아가 아내와 아이들과 함께 단란하게 살고 싶다고 얘기했다. 사장은 그렇게 하라고 하면서 대신 그에게 마지막으로 집 한 채를 지어줄 수 있겠냐고 물었다. 늙은 목수는 주저하다가 마지못해 승낙했다.

집을 짓는 늙은 목수의 마음은 이미 떠나 있었다. 그는 재료를 고를 때도 예전처럼 엄격하지 않았으며 작업 수준도 전과 달랐다. 이를 보고도 사장은 아무 말도 하지 않았다. 그는 집이 다 지어지기를 기다렸다가 열쇠를 목수에게 건넸다.

"이건 당신의 집이네. 내가 당신에게 주는 선물이야."

늙은 목수는 정신이 멍해졌다. 마음속에 지금껏 경험하지 못한 후회와 부끄러움이 몰려왔다. 그는 평생 수많은 집을 지어왔지만 마지막에 이르러 자신을 위해 조잡하고 질이 낮은 집을 만들고 말았다.

인생의 행운은 항상 당신의 머리 위에 강림한다. 그것을 잡을 수 있을지 여부는 당신이 시종일관 같은 태도를 유지하는가에 달려 있다. 마지막 순간에 조금만 소홀히 하면 종종 당신은 막심한 손해를 입고 결국에는 아무것도 남기지 못하고 후회하게 된다. 매번 전력을 다하고 노력해야 인생의 수확을 얻을 수 있다. 사람은 시작할 때나 끝낼 때 항상 착실하게 최선을 다해야 한다.

성공하는 사람은 모든 일을 끝까지 성실하게 처리하고 실패하는 사람은 한결같지 못하기 때문에 중간에 혹은 시작만 하고 그만둔다. 그러면 그의 인생에는 수많은 '반쪽짜리 공사'가 남게 된다. 누구나 시종일관 최선을 다하면 분명 좋은 결과를 얻는다.

영국의 수상 처칠은 반파시스트 전쟁에서 지대한 공헌을 했으며 훗날 민족의 영웅이자 위대한 정치가, 연설가로 기억되고 있다. 오늘날 그의 이름과 업적은 역사책에 남겨져 길이길이 빛나고 있다. 그러나 젊은 시절 그가 대단히 서투른 연설가였음을 아는 사람은 드물다.

한번은 그가 초청에 응해 연설을 하게 됐다. 그는 연설하기 전에 반복해서 원고를 외우며 연습했다. 혹시 다른 사람에게 망신을 당해 비웃음을 살까 두려워서였다. 그러나 그는 자신의 연설 순서를 기다리고 있을 때 여전히 긴장했고 심장은 갈수록 더 빨리 뛰기 시작했다. 그의 얼굴에는 땀이 흥건했고 다리마저 말을 듣지 않고 부들부들 떨렸다. 그는 강단에 올라 심호흡을 한 다음 청중에게 뻣뻣하게 인사를 하고 연설을 시작했다. 그러나 너무 긴장한 까닭에 몇 마디 하지도 못했는데 머릿속이 새하얘졌다. 연설하기 전에 외워둔 원고가 조금도 생각나지 않았다. 당황하게 된 그는 얼굴이 붉어졌고 난처해하며 강단에서 내려왔다.

처칠은 첫 번째 강연의 실패로 깊은 실의에 빠졌다. 그는 부끄러워 쥐구멍이라도 들어가고 싶은 심정이었다. 이것이 인생 최대의 치욕이라 생각했다. 그는 자신의 첫 번째 연설에서 청중의 박수소리 대신 치욕스런 눈초리를 받았다는 사실을 잊을 수가 없었다. 그는 자신이 바보가 아닌 이상 연설할 때의 긴장감과 공포감만 극복하면 분명 좋은 연설을 할 수 있을 거라고 생각했다. 그는 치욕스러웠던 첫 번째 연설을 공부의 원동력으로 삼았다. 또 다시 연설할 기회가 생긴 그는 대담하게 관중을 마주하고 자신이 하고 싶은 말과 관점을 모두 얘기할 수 있었다. 그는 더 이상 사전에 원고를 외우지 않고 순발력을 발휘했다. 그 결과 그의 연설은 갈수록 힘을 더해갔다.

1940년 처칠이 영국의 수상으로 당선됐을 때의 취임 연설은 그야말로 그의 내공이 확연히 드러나는 것이었다. 관점이 분명했고 태도도 자연스러웠으며 울리는 목소리에는 힘이 있었다. 그리고 다른 사람들이 하고 싶어도 하지 못하는 말을 얘기했고 그럴 때마다 청중들의 박수갈채를 받았다. 반파시즘 전쟁에서 그의 감성적인 연설은 영국 군인들의 사기를 높였고, 강력한 적군을 연이어 무찌르는 데 정신적으로 막강한 동력을 제공했다.

자신을 변화시키려는 처칠의 한결같은 태도는 우리를 감동시킨다. 사람들은 대개 그와 같은 실패를 경험한다면 분명 다시는 연설을 하려 하지 않을 것이다. 그러나 처칠은 좌절로 인해 쓰러지지 않았고 오히려 실패를 계속해서 공부하는 원동력으로 삼았다. 그는 실패의 원인을 찾은 후 끊임없는 노력으로 자신을 변화시켰고 시종일관 연설 능력을 단련했다. 이는 처칠의 남다른 장점이라 할 수 있다.

모든 일은 시작이 어려운 법이다. 그런데 완벽한 결말을 맞이하기란 더 어렵다. 우리는 대부분 어떤 일을 하기 시작할 때는 의욕이 충만해서 열심히 하지만 시간이 지날수록 귀찮은 마음이 생겨 결국에는 중도에 포기하고 만다. 그렇게 되면 자연히 만족할 만한 결과를 얻을 수 없다. 여기서 볼 수 있듯이 정말로 세상의 모든 일은 마음먹기에 달려 있다. 시종일관 한결같은 태도를 유지한다는 것은 인생의 가장 큰 성과다. 무슨 일을 하든지 중도에 포기하는 사람은 결국 아무것도 이룰 수 없다.

갓 사회에 발을 들인 청년들은 열정이 충만하지만 잇따른 좌절을 겪으면 이것도 빠르게 사라져버린다. 곤란한 일이 생기면 즉시 생각을 바꾸고 새로운 목표를 바라본다. 또한 원래 하려던 일을 포기하고 새로운 일을 하기 시작한다. 그들은 이렇게 시작은 있되 마무리 없는 태도로 모든 일을 하고 '수습하기 힘든 반쪽짜리 공사'를 무수히 남긴다. 그들이 성공하지 못하는 이유는 자신의 행동과 목표를 일치시키지 못하기 때문이다.

하버드 졸업생들은 어떤 일을 할 때 시작에 주의할 뿐만 아니라 결과에 더욱 주의한다. 그들은 자신의 인생에 보기 흉한 '반쪽짜리 공사'를 남기지 않는다.

7장

최고의 성취는
끊임없이 스스로를
개선하는 것이다

삶은 럭비에 비유할 수 있다. 원칙은 바로
있는 힘껏 골라인을 향해 뛰어가는 것이
다.

40

기회가 없다고 불평하면
기회가 보이지 않는다

하버드의 학생들은 자아실현을 촉진시키는 여러 실질적 요소들 중에서도 '기회'가 필수불가결한 요소라는 사실을 잘 알고 있다. 이는 마치 스프링이 달린 도약대처럼 우리를 더 높이 날게 하고 심지어 운명의 방향을 바꾸기도 한다.

기회는 바람에 흩날리는 민들레 씨앗처럼 항상 조용하게 당신 주위에 나타난다. 당신이 혜안을 갖고 있다면 그것을 잡을 수 있을 것이고 결국 성공의 길로 들어서게 된다. 그러나 만약 당신이 그것을 보고도 못 본 척하거나 바람에 날아가게 내버려두면 나중에 후회할지라도 다시는 돌아오지 않는다.

우리는 "기회를 잡으라"라는 말을 자주 듣고 누구나 이 말을 굳게 믿는다. "기회는 준비된 사람에게만 찾아온다. 그것은 눈물을 믿지 않으며, 겁이 많고 나약한 사람, 게으름과도 인연이 없다"라는 말이 있다. 이는 조금만 늦어도 기회를 놓칠 수 있으며 담력과 식견, 안목이 없는 사람은 기회를 잡을 수 없다는 의미다. 사실 기회를 잡을 수 있을지 여부는 자기 자신에게 달려 있다. 기회란 모든 사람에게 평등하기 때문이다. 기회는 인생에서 가장 중요한 부분이고 어느 곳에나 존재한다. 기회가 없다고 항상 불평하는 사람은 기회를 발견하는 데 능숙하지 않기 때문이다. 그들은 하늘의 별을 바라보느라 발밑의 보석을 그냥 지나쳐버린다.

기회를 잡아 대단한 성공을 거둔 빌 게이츠의 이야기는 하버드의 전설로 널리 알려져 있다.

1955년, 빌 게이츠는 미국 서부의 아름다운 도시 시애틀에서 태어났다. 열한 살 나이에 그는 시애틀에서 가장 유명한 사립중학교에 들어갔다. 당시는 컴퓨터에 대한 관심이 커지기 시작했을 때였다. 그가 다닌 중학교에서는 학생들을 가르치기 위해 거액을 투자해 컴퓨터를 구입했다. 배우는 것을 좋아하는 빌 게이츠는 컴퓨터에 깊은 흥미를 갖게 됐다.

1973년, 그는 하버드대학의 합격 통지서를 받았다. 세계적으로 유명한 하버드에는 전 세계에서 온 우수한 학생들이 운집해 있었다.

1974년, 빌 게이츠는 최초의 퍼스널 컴퓨터가 생산됐다는 소식을 들었다. 이에 그의 열정은 달아올랐다. 그는 하버드를 자퇴하고 컴퓨터의 물결에 뛰어들었다. 왜냐하면 그는 이것이 바로 기회라는 사실을 알아챘기 때문이었다.

1975년, 빌 게이츠와 그의 친구 폴 앨런은 드디어 자신들만의 회사를 설립했다. 이것이 바로 세계적으로 유명한 마이크로소프트다. 당시 마이크로소프트는 비록 지금처럼 큰 명성을 얻지는 못했지만 빌 게이츠와 폴 앨런은 컴퓨터 업계에서 이미 어느 정도 이름이 알려져 있었다.

1981년, 당시 가장 큰 규모의 컴퓨터 회사였던 IBM은 정식으로 신형 퍼스널 컴퓨터를 출시해 세상을 떠들썩하게 했다. 그리고 사람들의 주목을 끈 사건은 젊은 빌 게이츠가 이끄는 마이크로소프트가 IBM에 언어 프로그램을 제공했다는 것이었다. IBM의 퍼스널 컴퓨터가 출시된 지 반년 만에 마이크로소프트는 정식으로 퍼스널 컴퓨터 소프트웨어 방면의 리더가 됐다. 마이크로소프트는 끊임없는 노력을 통해 최종적으로 승리를 거둔 것이다. 이를 통해 빌 게이츠는 단번에 명성을 얻었다. 이때 그의 나이 스물여섯에 불과했다.

오늘날 빌 게이츠는 컴퓨터 소프트웨어 분야에서 세계 최고의 인물이자 미국의 새로운 청년 세대가 숭배하는 우상이 됐다.

기회가 찾아오지 않는다고 매일 불평만 하고 하루 종일 하늘에서 떡이 저절로 떨어지기를 기다리지 마라. 성공의 기회는 어디에서나 발견할 수 있다. 그리고 기회가 찾아왔을 때 이를 포착할 수 있을지 여부는 바로 자기 자신에 달려 있다. 현명한 사람은 삶 속에서 기회를 깨닫고, 사소한 일에서 기회의 그림자를 포착한다. 그런 다음 그들은 기회를 그저 따라갈 뿐이다. 그러나 어리석은 사람은 설령 기회가 자기 눈앞에 있다고 해도 이를 알아채지 못한다.

세상은 시시각각 변하고 그 속에 기회는 숨겨져 있다. 사회의 발전은 커다란 환경이고, 주변의 변화는 작은 환경이라 할 수 있다. 환경의 변화가 가져오는 기회를 인식하고 세심하게 관찰하여 이를 포착할 때, 당신은 인생을 변화시킬 기회를 잡을 수 있다.

41

다른 사람에게 휘둘리지 않는
1퍼센트의 자신감

일반적인 상황에서 우리는 하나의 동일한 사건에 대해 저마다 다른 견해를 갖고 있다. 셰익스피어는 이에 대해 "만약 1,000명이 햄릿을 읽는다면 1,000가지 버전의 햄릿이 존재할 것이다"라고 말했다. 그 이유는 사람들마다 문제를 대하는 관점의 각도가 다르기 때문이다. 그러므로 그 결과도 자연스럽게 달라진다. 예를 들어, 어느 날 당신이 생각하기에 매우 괜찮은 옷을 입고 학교에 갔다고 해보자. 어떤 친구는 당신이 예쁜 옷을 입었다고 칭찬해줄 것이고, 어떤 친구는 별로라고 얘기할 것이다. 이러한 상황을 당신은 피할 수 없고, 신경 쓸 필요도 없다. 왜냐하면 타인의 평가가 옳든 그르든 모두 당신의 존재적인 가치에 영향을 끼치지 않는 대수롭지 않은 일이기 때문이다. 어차피 당신은 모든 사람을 만족시킬 수 없다. 그런데 굳이 다른 사람의 관점 때문에 자신을 변화시킬 필요가 있을까?

어쩌면 당신은 어떤 일을 정확한 방법으로 처리하고 있는데 다른 사람이 까닭 없이 비웃거나 조롱할 수 있다. 당신은 이 때문에 절대 실망하거나 괴로워해서는 안 된다. 또한 자신의 정확한 방법을 부인하고 다른 사람의 방향을 향해 변화할 필요도 없다. 이 세상에 모든 사람의 긍정을 얻는 일이란 존재하지 않는다. 왜냐하면 인류가 생존하는 곳에는 반드시 불일치가 존재하기 때문이다. 만약 그것을 웃으며 흘려보내지 않고 남의 의견에 휩쓸려 다른 사람이 하는 대로 따라하면 당신의 생각과 판단력은 완전히 사라진다. 그러면 당신이 원래 갖고 있던 장점까지 잃어버리게 된다.

하버드의 어느 노교수가 다음과 같은 얘기를 한 적이 있다.

아주 먼 옛날 영국 교외의 어느 궁핍한 농촌에 할아버지와 손자가 서로 의지하며 살아가고 있었다. 어느 날 아침 할아버지와 손자 두 사람은 평소보다 일찍 일어났다. 그들은 시장에 가서 생활용품을 구입하기 위해 바쁜 걸음을 재촉했다. 필요한 모든 것들을 산 뒤 마지막으로 두 사람은 가축을 파는 노점에서 작은 당나귀를 골랐다. 하루 종일 바쁘게 돌아다녔기 때문에 할아버지는 매우 피곤했다. 그래서 집으로 돌아가는 길에 할아버지는 당나귀에 타고 손자는 그 뒤를 따라갔다. 잠시 후에 마주 오던 어느 노부인이 그 모습을 보고 화를 내며 할아버지를 질타했다.

"당신은 정말 이기적인 사람이군요. 자기 한 몸 편하자고 손자는 내버려두다니. 이렇게 어린아이에게 어떻게 먼 길을 걸어가게 할 수가 있나요?"

할아버지는 노부인의 말이 일리가 있다고 생각했다. 그는 미안한 듯 손자를 바라보며 노부인에게 말했다.

"당신의 말이 옳습니다. 감사합니다!"

그리하여 할아버지는 당나귀에서 내리고 손자를 올려 태웠다.

오지랖 넓은 노부인이 멀어져가는 것을 보고 할아버지와 손자는 한숨을 쉬었다. 그리고 이렇게 할아버지는 뒤를 따라 걸어가고 손자는 당나귀에 탄 채로 계속해서 길을 갔다. 얼마 지나지 않아 그들은 한 노인을 만났다. 노인은 두 사람의 모습을 보고 매우 화를 냈다. 그는 얼굴을 붉히고 화를 내면서 손자를 꾸짖었다.

"너는 정말 불효막심한 아이구나. 연세도 많아서 피곤하실 텐데 어쩜 그렇게 할아버지를 걸어가게 하고 너만 편하게 당나귀에 앉아 있을 수가 있단 말이냐. 정말 말도 안 되는구나!"

노인의 말을 듣고 손자는 매우 부끄러웠다. 그는 얼른 당나귀에서 내려 할아버지를 부축해 당나귀에 태운 다음 자기도 올라탔다. 결국 두 사람은 함께 당나귀를 타고 집으로 가게 됐다.

잠시 후, 맞은편에서 당나귀를 기르는 사람이 걸어왔다. 그는 손자와 할아버지 두 사람이 한꺼번에 당나귀를 타고 있는 모습을 보자마자 길을 막았다. 그러고는 매우 화가 난 듯 당나귀 위의 두 사람을 바라보며 큰소리로 꾸짖었다.

"당신들 정말 너무하지 않소. 어쩜 그렇게 모질게 동물을 학대할 수 있는 거요? 당신들 두 사람이나 타면 당나귀가 얼마나 힘들지 생각은 해보았소? 어떻게 그럴 수가 있소. 동물도 감정이 있단 말이오."

이 말을 듣고 두려워진 할아버지와 손자는 어쩔 수 없이 당나귀에서 내려 당나귀를 끌고 집으로 돌아가기 시작했다. 그러나 또 얼마 지나지 않아 그들은 학교가 끝나고 집에 돌아가는 학생들을 만나게 됐다. 학생들은 두 사람의 모습을 보고 비웃으며 말했다.

"정말 바보 같군. 당나귀가 있는데도 타지 않고 그저 끌고만 가다니. 정말 이상한 사람들이야!"

할아버지와 손자는 학생들의 말에 일리가 있다는 생각이 들었지만 그들은 어떻게 해야 할지 알 수 없었다. 다시 당나귀에 타면 분명 누군가에게 꾸지람을 들을 것이 분명했기 때문이다. 그래서 두 사람은 당나귀를 맞잡아 짊어지고 집으로 돌아갔다.

그러던 도중 일행은 큰 다리를 건너게 됐다. 강물은 물살이 급했고 할아버지와 손자는 잘못해서 당나귀를 강에 빠뜨리고 말았다. 당나귀는 큰 물살에 금방 휩쓸려가 모습을 감췄다. 결국 할아버지와 손자는 아무것도 얻지 못했다.

이 얘기에 등장하는 할아버지와 손자는 결국 당나귀를 집까지 데려가지 못했다. 두 사람에게는 자신만의 의견이 없었기 때문이다. 사실 당나귀는 할아버지와 손자 두 사람의 소유물이다. 다른 사람이 뭐라고 하든지 자신의 물건을 어떻게 사용할 것인가는 자기 자신에게 달려 있다. 다른 사람의 의견은 우리의 상황을 변화시킬 수 없다. 그리고 사람들마다 입장과 문제를 고려하는 관점이 다르므로 어떤 일을 결정하고 판단하는 데는 분명 차이가 있다. 게다가 어떤 일이 발생했을 때 사람들은 대부분 감성적인 사고로 판단하므로 그들의 생각과 제안은 결코 이성적이지 않다. 앞의 얘기에서 할아버지와 손자가 당나귀를 잃은 이유는 다른 사람들의 의견 때문이 아니라 그들이 자신의 주관을 갖고 있지 않았기 때문이다.

파블로 피카소가 어렸을 때, 그의 어머니는 "만약 네가 군인이 되고 싶다면 장군이 돼라. 만약 수도자가 되고 싶다면 교황이 돼야 한다"라고 가르쳤다. 그러나 우리가 알고 있는 피카소는 어머니가 그를 위해 선택한 길을 걷지 않았다. 피카소는 "나는 그저 화가가 되고 싶었을 뿐이다. 그래서 나는 피카소가 됐다"라고 얘기했다.

한번 생각해보자. 만약 피카소가 말을 잘 듣는 아이라 어머니의 가르침에 따라 군인이나 수도자가 되는 길을 선택했다면 역사적으로 찬란한 명성을 자랑하는 장군이나 존경 받는 교황이 됐을 거라고 장

243

담할 수는 없다. 그러나 만약 그랬다면 아마도 우리는 위대한 화가 한 사람을 잃었을 것이다. 피카소는 어머니의 가르침에 자신의 인생을 속박시키지 않았다. 그는 자아에 대한 이해를 통해 자신의 독자적인 재능을 키웠기 때문에 결국 명성을 떨치는 세계적인 화가가 될 수 있었고 예술사상 유일무이한 지위를 차지하게 된 것이다.

사람은 누구나 자신이 좋아하는 것 또는 장점이 친구나 가족들의 마음에 들고 칭찬받기를 원한다. 또한 자신의 능력이 그 분야에서나 동료의 인정을 받을 수 있기를 바란다. 그러나 실제로는 자기 자신에게서 비롯되는 자신감은 과연 얼마나 되는지 생각해봐야 한다.

42

무거운 짐을 진 사람만이
비바람을 견딘다

우리는 어떤 일을 성사시키려 할 때 반드시 경쟁과 압박의 시련을 마주한다. 현대사회는 경쟁사회다. 경쟁 속에서 성공을 하든 실패를 하든 우리는 모두 압박을 받을 수밖에 없다. 현실에서 압박을 받지 않고 살아가는 사람은 없다. 그 중 큰일을 이루고자 하는 사람은 목표가 원대하기 때문에 이에 수반되는 압박도 필연적으로 커질 수밖에 없다. 만약 위업을 달성하려 한다면 반드시 이에 따르는 압박을 추진 동력으로 전환시켜야 한다. 사람들은 누구나 모든 일이 순조롭게 풀리기를 원한다. 그러나 정작 사람들은 좌절을 겪고, 압박을 견

며내며, 슬픔을 겪어야 비로소 더욱 완벽하고 이상적으로 완성된다는 사실을 모른다.

그렇다면 압박을 느낄 때 우리는 어떻게 해야 할까? 이때 해야 할 일은 바로 부정적인 감정을 극복하는 것이다. 끊임없이 노력하며 최선을 다해 환경을 변화시켜야 한다.

그러나 실제로 사람들은 압박을 얘기할 때 잠재의식 중에 긴장감을 느낀다. 과연 압박은 정말 장점이 하나도 없는 것일까? 수많은 연구를 통해 발견되었듯이 적당한 압박은 우리가 정상적인 상태를 유지하고 잠재력을 발굴하는 데 도움이 된다. 또한 개인과 사회의 전체적인 효율성이 높아진다. 예를 들어 스포츠 경기에서 운동선수는 속도를 조절해 적당한 압박 속으로 자신을 몰아넣는다. 이를 통해 일정한 흥분과 경기에 가장 적합한 상태를 유지하면 비교적 좋은 성과를 거둘 수 있다. 그러지 못하면 평소의 실력을 발휘하지 못할 가능성이 크다. 또 다른 예를 들자면 시험을 볼 때 적당한 압박은 대뇌를 자극해 우리를 흥분시키고 좋은 성적을 거두게 한다. 이러한 예를 통해 볼 수 있듯이 적당한 압박은 우리에게 긍정적인 효과를 가져다준다.

화물선 한 척이 항구에 짐을 내리고 귀항하는 도중에 갑자기 매서운 폭풍우를 만났다. 이러한 상황에 선원들은 모두 놀라 속수무책이었지만 경험이 풍부한 나이든 선장은 매우 침착했다. 그는 선원들에게 즉시 화물칸을 열고 그 속에 물을 채워 넣으라는 명령을 내렸다.

"저 선장 정신이 나간 거 아니야? 배 안에 물을 넣으면 압력이 올라가서 배가 침몰할지도 모르는데. 오히려 저승길을 재촉하는 꼴이라고."

선원들은 나이든 선장의 지시를 이해할 수 없었다.

그러나 선장의 명령은 단호했고 선원들은 어쩔 수 없이 시키는 대로 했다. 화물칸의 수위가 높아질수록 배도 조금씩 아래로 가라앉기 시작했다. 그러나 곧 배에 대한 위협은 점점 줄어들었고 화물선은 평온해졌다.

선장은 한숨 돌리고 있는 선원들을 향해 말했다.

"백만 톤의 거대한 선박은 전복되는 경우가 드물지만 규모가 비교적 작은 배는 종종 풍랑에 가라앉지. 그것은 배의 하중이 클 때가 가장 안전하기 때문이네. 텅 빈 배가 큰 바다에 나가는 건 가장 위험한 일이지. 물론 배의 하중이 적재능력을 초과하면 안 되겠지만 적당한 압력은 폭풍우의 공격에 저항할 수 있다네. 배가 견딜 수 있는 능력을 초과하면 자네들이 걱정하는 것처럼 배는 침몰하지."

이것이 바로 '압박의 효과'다. 되는 대로 살아가며 압박을 조금도 느끼지 않는다면 폭풍우를 만난 배처럼 자그마한 인생의 풍랑에도 전복되고 만다. 그러나 무거운 하중을 지고 있는 사람은 사나운 파도를 견뎌낼 수 있고 자신의 삶을 충실하고 다채롭게 만들 수 있다.

압박을 느끼지 않는 인생이란 존재하지 않는다. 한번 곰곰이 생각해보라. 진학, 취업, 이직 등 우리 인생에 압박이 없는 상태에서 이뤄진 일이 무엇이 있는가? 압박이 없는 인생에 어떤 광경이 펼쳐질지는 정말 상상도 할 수 없다. 그러므로 우리는 압박을 받는 상황이 해결되어 인생의 즐거움을 누리는 순간에도 우리를 괴롭혔던 압박이 마음속에 존재했다는 사실에 감사해야 한다.

우리는 압박을 적당한 범위 내로 조절해 유리한 일면을 발휘할 수 있도록 해야 한다. 사람에게는 아직 발굴되지 않은 잠재력이 존재한다. 게으름을 피우거나 열정을 다른 일에 쏟아 붓느라 잠재력이 제대로 개발되지 않았다면 자신에게 적당히 압박을 가해보라. 사람은 누구나 적극적인 면도 있고 타성적인 면도 있다. 두 가지를 저울질했을 때 설령 타성적인 면이 우세를 점한다 해도 적시에 압박을 가하면 좋은 효과를 거둘 수 있다.

과학자들이 쥐 두 마리를 이용해 실험을 진행했다. 한쪽은 흰 쥐, 다른 한쪽은 회색 쥐였는데 과학자들은 흰 쥐의 압박을 느끼게 하는 유전자를 전부 추출한 다음 두 마리의 쥐를 자연을 모방한 환경 속에 넣어뒀다.

실험이 막 시작됐을 때 압박을 느끼게 하는 유전자가 추출된 흰 쥐는 매우 흥분했고 회색 쥐와 비교했을 때 더 큰 호기심을 드러냈다. 흰 쥐는 단 하루 만에 500평방미터의 크기에 달하는 공간을 관찰하며 돌아다녔다. 반면 압박을 느끼게 하는 유전자가 제거되지 않은 회색 쥐는 길을 걸을 때나 먹이를 찾으러 다닐 때 항상 조심했다. 회색 쥐가 자연을 모방한 공간에 익숙해지는 데는 4일이나 걸렸다. 기록에 의하면 회색 쥐는 바구니에 걸어 넣어둔 먹이를 얻기 위해 2미터 정도밖에 오르지 않았다. 반면 흰 쥐는 셋째 날 전혀 압박을 느끼지 않고 13미터에 달하는 가짜 산에 올라갔다. 그리고 작은 바위를 지나가다가 잘못해서 가짜 산에서 굴러 떨어져 죽고 말았다. 회색 쥐는 정신적으로 일정한 압박을 받고 있었기 때문에 항상 신중하게 행동했고 의외의 상황은 벌어지지 않았다. 심지어 동면 준비에 들어가기 위해 식량을 비축하기 시작했다. 며칠간의 실험이 끝난 후 회색 쥐는 팔팔하게 살아나왔다.

우리는 압박이 대부분 외부에서 비롯된다는 고정관념을 갖고 있다. 그러나 사실 우리는 스스로 압박을 받는 환경을 조성할 수 있다. 우리는 각자 이상을 갖고 있으며, 이상과 현실에 모순이 발생할 때 압박을 느낀다. 어쩌면 당신의 마음속에는 미래를 향한 등불이 있지만 그것을 바라만 볼 뿐 다가갈 수 없어서 괴로워할지도 모른다. 당신은 좋은 일을 하려고 생각했는데 일이 엉망으로 뒤얽힐 수도 있다. 또한 당신은 열심히 씨앗을 뿌렸는데 열매를 맺지 못할 수도 있고, 자아를 초월하고 싶어도 현실 앞에서 일일이 부정당할 수도 있다. 우리는 주위의 경쟁이 너무 격렬하고 본인이 너무 큰 압박을 느낀다고 불평한다. 그러나 실제로는 우리 자신이 너무 게으르거나 능력이 없기 때문이란 사실을 모르고 있다. 만약 압박이 존재하지 않는다면 우리는 흰 쥐처럼 원래는 안전하게 통과할 수 있었던 바위에서 떨어져 생명을 잃을지도 모른다.

사람은 압박을 조금이라도 느끼지 않는 상태에서는 고도의 집중력을 발휘하기 힘들다. 심지어 투지를 잃고 게을러지며 불행을 불러올지도 모른다. 그러므로 투지와 근성을 유지하는 가장 좋은 방법은 바로 시시각각 자신을 적당한 압박을 받는 상태로 만드는 것이다.

삶에서 일어나는 수많은 일은 결코 우리가 예측할 수 있는 것이 아니다. 그렇다고 해서 우리가 제어하지 못하는 것은 아니다. 그러기에 "살아가는 동안 어려운 일을 겪게 되지만 그때마다 여러 갈래의 길이 있다. 그렇다면 나는 지금 어디에 있는가"라며 생각할 수 있는 것이다. 만약 당신이 압박을 받아들일 수 있다면 분명 넘어져도 다시 일어날 수 있다. 그러면 곤경을 겪은 후 강인한 사람이 될 수 있고, 이때 성공은 당신에게서 결코 멀지 않다.

43

아무것도 바꾸지 않으면
아무것도 변하지 않는다

미국의 저명한 교육가 찰스 엘리엇Charles Eliot의 이름은 하버드 출신이라면 누구나 알고 있을 것이다. 그는 1853년에 하버드대학을 졸업했고 1863년에 유럽으로 건너가 프랑스와 독일의 고등교육을 연구했다. 또한 1869년에서 1908년까지 하버드대학 총장을 역임했다. 그는 대담한 개혁을 실행해 하버드를 지역 대학에서 세계적으로 유명한 대학으로 발전시켰다.

찰스 엘리엇에 관해 세상에 잘 알려지지 않은 일화가 하나 있다.

1870년, 찰스 엘리엇이 하버드대학의 총장을 맡고 있을 때 그는 당시 저명한 사학자인 헨리 애덤스^{Henry Adams}를 찾아갔다. 그에게 하버드 대학의 중세기 역사학 강의를 부탁하기 위해서였다. 처음에 엘리엇이 아무리 권고를 해도 헨리 애덤스는 어떠한 반응도 보이지 않으며 이렇게 말했다.

"총장님, 저는 정말 중세기 역사에 대해서는 하나도 알지 못합니다."

이러한 대답을 듣고 찰스 엘리엇은 불쾌한 기색은커녕 예의를 갖춰 다시 말했다.

"만약 당신이 저에게 당신보다 역사를 훨씬 잘 이해하고 있는 학자를 추천해주신다면 그분을 초빙하도록 하겠습니다."

결국 애덤스는 초빙을 수락하고 말았다.

엘리엇은 융통성 있는 기지를 발휘해 자신이 예기한 목표를 완성시켰다. 또한 그는 하버드의 학생들에게 사고를 전환시키면 많은 일을 해결할 수 있다고 얘기했다.

그렇다면 비즈니스계에서 오랫동안 널리 전해져온 또 다른 얘기를 한번 살펴보도록 하자.

애슬론 완구 회사의 이사장이 한번은 교외를 산책하다가 우연히 아이들 몇 명이 곤충을 갖고 노는 모습을 보게 됐다. 그 곤충은 지저분하고 매우 못생겼는데도 아이들은 그것을 잠시도 손에서 떼어놓지 않았다. 이 광경을 보고 그는 마음속으로 생각했다. 시장에서 판매되는 완구는 일반적으로 예쁜 이미지를 갖고 있는데 만약 못생긴 완구를 출시하면 어떻게 될까? 그리하여 그는 자신의 회사에 '못생긴 완구'를 개발해 신속하게 시장에 판매하라는 지시를 전달했다.

이는 확실한 성과를 거뒀다. 애슬론 완구 회사는 '못생긴 완구'로 매우 큰 수익을 얻었고 같은 업계의 부러움을 샀다. 이어서 못생긴 얼굴을 공 표면에 대량으로 인쇄한 '기괴한 공', 고무로 만든 '우락부락 사나이'가 출시됐다. '우락부락 사나이'는 머리카락이 누렇고 피부는 녹색인데다 눈은 부어오르고 핏발이 서 있으며 눈을 깜박거릴 때마다 매우 듣기 싫은 소리를 냈다. 이러한 못난이 완구 시리즈는 정상적인 완구보다 훨씬 비쌌는데도 매출이 계속 상승했고 미국에 '못난이 완구' 열풍을 불러일으켰다.

'못난이'라는 영감을 통해 애슬론 완구 회사는 막대한 성공을 거두고 더 많은 기회를 창출했다. 이는 애슬론 완구의 이사장이 신선함을 추구하는 소비자들의 상반된 소비심리를 파악했기 때문이다.

이 얘기는 우리에게 한 가지 가르침을 전해준다. 길고 긴 인생길에서 수많은 사람이 사고의 변화를 이용해 성공의 기회를 잡는다는 사실이다. 이에 반해 유연한 사고를 하지 못하는 사람은 상황에 맞게 대책을 세우거나 융통성을 발휘하지 못한다. 또한 조금만 늦어도 사라져버리는 기회를 포착하는 법을 알지 못하므로 성공으로부터 멀어진다. 심지어 때로는 기회가 정면에서 다가와도 이를 보지 못하고 그 기회를 그냥 떠나보낸다.

프랑스의 유명한 소프라노 마디 메스플레^{Mady Mesple}는 넓고 아름다운 숲을 갖고 있었다. 주말이 되면 많은 사람들이 그녀의 숲에 들어와 꽃을 꺾고, 버섯을 캐며, 심지어는 텐트를 치고 야영을 하곤 했다. 그녀의 숲은 지저분하고 더러워졌다.

집을 관리하는 사람은 숲의 사방을 울타리로 둘러싸고 '개인 소유지, 입산 금지'라는 푯말을 세워놓았다. 그러나 효과는 미미해서 사람들은 여전히 숲에 들어와 짓밟고 훼손시켰다. 관리자는 어쩔 수 없이 주인에게 지시를 청했다. 그녀는 관리인의 보고를 들은 후 밖에 몇 개의 푯말을 세우라고 얘기했다. 푯말에는 이렇게 쓰여 있었다.

"이 숲에서 독사에 물리신 분들은 이곳에서 15킬로미터 떨어진 곳에 있는 병원을 이용해야 합니다. 차를 타고 가면 30분 정도 걸립니다."

그 후로 그녀의 숲에 들어가는 사람은 아무도 없었다.

숲을 보호하기 위한 같은 취지인데도 생각을 바꾸니 문제가 해결됐다. 미국에서도 이와 비슷한 상황이 벌어진 일이 있다.

커트 호텔은 매우 유서 깊은 곳이었다. 한번은 사장이 새로운 엘리베이터를 설치하기 위해 전국에서 손꼽히는 일류 건축가와 기사를 초청했다. 그리고 어떻게 하는 것이 가장 좋을지 의견을 나눴다.

건축가와 기사는 모두 경험이 풍부했다. 토론을 거친 후 그들은 한 가지 일치된 의견에 도달했다. 호텔에 새로운 엘리베이터를 설치하려면 반드시 6개월간 영업을 정지할 수밖에 없다는 것이었다.

"반년간 영업을 정지하는 것 외에 다른 좋은 방법은 없습니까?"

긴장한 사장은 눈썹을 찡그리며 말했다. 왜냐하면 그렇게 되면 경제적인 손실이 너무 크기 때문이다.

"그럴 수밖에 없습니다. 다른 방법이 없으니까요."

건축가와 기사는 단호하게 말했다.

이때 한 청소부가 마침 그곳을 지나다가 그들의 대화를 열심히 듣더니 하고 있던 일을 멈췄다. 그는 머뭇거리면서 사장과 전문가들을 바라보며 천천히 말문을 열었다.

"만약 저라면 다른 방법으로 엘리베이터를 설치할 것 같은데요."

기사가 경멸하는 눈빛으로 그를 보더니 말했다.

"어떻게 할 건데?"

"저는 건물 밖에 엘리베이터를 설치할 겁니다."

"그거 참 좋은 방법이로군!"

건축가와 기사는 그의 말을 듣고 부끄러워 고개를 숙일 수밖에 없었다.

얼마 지나지 않아 호텔의 외부에는 새로운 엘리베이터가 설치됐고, 이는 건축 역사상 최초의 관광 엘리베이터가 됐다.

대다수 사람들의 전통적인 사고방식 속에 엘리베이터는 건물 안에 설치돼야 한다는 인식이 있었다. 그들은 아무리 생각해도 엘리베이터를 외부에 설치한다는 방법을 떠올릴 수가 없었다. 실제로 낡은 규칙과 규율에만 매달리는 사람은 다들 그럴 수밖에 없다. 문제는 그들

7장 최고의 성취는 끊임없이 스스로를 개선하는 것이다

의 기술력이나 학식이 아니라 틀에 박힌 사고방식의 속박에서 벗어나지 못하는 데 있다. 건축가와 기사는 전문적인 지식에 얽매였지만 청소부에게는 고정관념의 속박이 없었기 때문에 사고의 활로가 트였고 경탄할 만한 묘수를 떠올릴 수 있었던 것이다.

살아가는 동안 최고의 성취는 바로 자기 자신을 끊임없이 개선하고 삶의 이치를 깨닫는 것이다. 분명 우리는 이미 정해진 조건이나 환경을 바꾸지 못한다. 그렇다면 변화시킬 수 있는 것은 오로지 우리의 생각뿐이다. 곤란과 변화가 닥쳤을 때 가능한 융통성 있게 사고하면 종종 더 좋은 해결 방법이 생각날 것이다.

44

용기란 성취가 아니라
계속 시도하는 것

세르반테스는 "재물을 잃는 것은 손실이고, 친구를 잃는 것도 마찬가지로 손실이다. 그러나 용기를 잃는 것은 가장 큰 손실이다"라고 말했다. 그의 말대로 그 어떤 것을 잃는다고 해도 용기를 잃어서는 안 된다. 우리는 용기를 가져야만 자신만의 세상을 개척해나갈 수 있다. 많은 사람들은 실패를 했을 때 자신을 위한 평계를 찾는다. 지혜가 부족하기 때문이다. 어쩌면 성공을 좇을 용기가 부족한 것일지도 모른다. 일과 인생에서 성공할지 또는 실패할지는 대부분 우리가 계속해서 용기를 유지할 수 있는지 여부에 달려 있다. 만약 실패했다면

7장 최고의 성취는 끊임없이 스스로를 개선하는 것이다

그것은 결코 능력이 아니라 용기 부족의 문제인 것이다.

하버드 사람들에게 있어서 용기는 필수불가결한 요소다. 용기를 갖고 있어야 비로소 온갖 어려움을 이겨내고 성공으로 나아갈 수 있기 때문이다. 용기는 추운 겨울날 마시는 독주와 같다. 그래서 사람에게 뜨거운 온기를 주어 매섭도록 추운 환경에 맞서게 한다.

미국의 전 대통령 루스벨트는 하버드 정치대학에서 공부했다. 오랜 세월이 지난 지금까지도 사람들로부터 칭송받고 있는 그는 평생 하버드 정신을 신봉했다.

1921년, 39세의 프랭클린 루스벨트는 미국의 참의원이었고 미국 정치계에서 세력을 풍미하는 인물이었다. 미국 총선 때 루스벨트의 인기는 대단해서 대통령으로 당선될 가능성이 매우 높았다. 그러나 생각지도 못한 사건이 일어나고 말았다. 이 사건으로 루스벨트는 인생의 암흑기에 빠졌지만 동시에 사람들에게 그의 위대함과 용기를 보여줬다.

그 해 여름, 루스벨트는 친구들과 함께 해변에서 수영을 하고 있었다. 그때 갑자기 그는 두 다리가 마비돼 움직일 수 없었다. 의사의 진찰을 받은 후 그에게는 '회백질 척수염'이라는 진단이 내려졌다. 이 소식은 즉시 미국을 뒤흔들었고 가족들과 그를 지지하는 사람들은 실의에 빠졌다. 그러나 루스벨트는 매우 평온한 모습을 보였다. 그는 희망을 포기하지 않았을 뿐만 아니라 오히려 꿋꿋하게 병마와 싸움을 해나갔다.

발병 초기에 그는 두 다리를 전혀 움직일 수 없어서 매일 휠체어에서 지내야 했다. 계단을 오르내리는 일도 다른 사람의 도움을 받아야 했다. 루스벨트의 마음은 매우 괴로웠다. 자신의 남은 반평생을 다른 사람의 부축을 받아야만 정상적인 생활이 가능했기 때문이었다. 그래서 그는 가족들에게 들키지 않도록 매일 저녁 몰래 걷는 연습을 했다. 어느 정도 시간이 흐른 뒤 그는 결국 혼자서 계단을 오르는 법을 터득했다.

어느 날, 그는 이 소식을 가족들에게 얘기했다. 그는 현재 자신이 어떻게 계단을 오르는지 가족들에게 보여주려 했다. 가족들은 그의 말을 듣고 매우 신기하게 생각하며 잠자코 루스벨트를 기다렸다. 그들은 루스벨트가 말한 방법을 듣고 깜짝 놀랐다. 그만의 방법이란 두 팔을 이용해 자신의 몸을 지탱한 다음 두 다리를 계단 위로 잡아당기는 것이었다. 그는 이 방법을 사용해 한 걸음 한 걸음씩 고통스럽고 힘들게 계단을 다 올라갔다. 그의 어머니는 아들을 바라보면서 흐느껴 울며 말했다.

"얘야, 만약 네가 그렇게 걷는다면 사람들이 너를 웃음거리로 삼을지도 모르는데 그래도 괜찮겠니?"

루스벨트는 어머니를 바라보며 단연한 어조로 얘기했다. "저는 더 이상 다른 사람에게 의지하고 싶지 않아요. 반드시 용감하게 나 자신의 상황과 마주할 거예요."

259

그의 말을 듣고 어머니는 미소를 지으며 눈물을 닦았다. 어머니는 마음속의 기쁨을 숨길 수가 없었다. 그녀는 자신의 아들에 대한 믿음을 저버리지 않았던 것이다.

어떤 사람들은 고난을 당해도 인생을 포기하지 않고 용감하고 굳세게 마주한다. 그들은 신체적인 결함으로 다른 사람보다 불쌍하다고 동정을 받는 것을 원하지 않고 용감하고 자신감 있게 마주하기를 선택한다. 미국의 전 대통령 루스벨트와 같은 정신은 누구나 배울 만한 가치가 있다. 그의 강인함은 미국 전체를 감복시켰고, 전 세계인의 존경을 받았다.

신체적인 결함은 운명에 도전하게 만드는 또 하나의 기회다. 하버드에서 교수들은 종종 학생들에게 다음과 같이 얘기한다.

"사람은 사소한 좌절로 원래 갖고 있는 자신감을 잃어버려서는 안 된다. 용감하게 곤경과 좌절을 마주하고 자신의 최대한의 능력을 발휘해야 한다. 용기를 가진 사람만이 비로소 자신의 운명을 그리고 더 나아가 세상을 정복할 수 있다."

45

천 번을 넘어져도
다시 한 번 일어서는 힘

우리의 일생은 마치 세차게 흘러 바다로 들어가는 시냇물과 같다. 그 과정에서 모든 것이 순조롭거나 평탄할 수 없다. 반드시 비바람을 겪고 울퉁불퉁한 길을 지나기 마련이다. 이것이 바로 하버드의 인생철학이다. 강한 사람들은 인생의 좌절을 만났을 때 항상 용감하게 전진한다. 그들은 거듭되는 고난이나 좌절에 절대 굴복하지 않는다. 그들이 성공하는 이유는 좌절을 직시하고 이겨내기 때문이다. 또한 수없이 넘어져도 굴하지 않는 정신으로 자신의 길을 계속 걸어가기 때문이다.

하버드의 어느 교수는 항상 학생들에게 소크라테스의 명언을 얘기한다.

"이 세상에는 두 종류의 사람이 있다. 하나는 행복한 돼지이고 다른 하나는 고통스런 사람이다."

세상에는 수많은 사람이 있지만 그들은 대부분 즐거움을 누리기 위해 하루하루를 보내며, 미래는 생각하지 않고 목전의 향락만을 추구한다. 그러나 성공을 얻으려는 사람들은 반드시 그에 걸맞은 대가를 지불하며 더 많은 고통을 당한다. 행복과 즐거움을 얻기 위해서는 고통을 겪어야 하고 그러지 않으면 성공하기란 매우 어렵다.

많은 사람이 일을 할 때 시작은 좋지만 끝이 흐지부지된다. 어떤 일을 하다가도 실패할 기미가 보이면 물러나기 시작한다. 사람은 패배할 수 있지만 쓰러지지는 않는다는 사실을 알아야 한다. 마음속에 희망만 있다면 설령 100번을 넘어져도 다시 일어설 수 있다는 것이다. 꺾이지 않는 끈기와 신념은 미래를 쟁취한다. 우리를 쓰러뜨리는 것은 곤경이나 좌절이 아니라 우리 자신이다. 스스로 자신감을 잃으면 마음속에는 희망의 빛이 사라진다.

오스트레일리아에서 태어난 존은 선천적으로 심각한 장애를 갖고 있었다. 꼬리뼈가 정상적으로 발육하지 못해 태어났을 때 그의 양 다리는 마치 청개구리처럼 허약하고 가늘었다. 주치의는 그의 다리를 보고 깜짝 놀랐고, 존에게 사망선고를 내렸다. 그의 아버지에게 이 아이는 1년을 못 넘길 것이라고 얘기한 것이다. 그러나 몇 년 뒤 존은 여전히 자유롭게 살면서 자기가 좋아하는 일을 하고 있었다. 그 이유는 다름 아닌 존 자신이 아무리 힘들어도 꺾이지 않는 정신으로 생명의 기적을 이뤘기 때문이다.

우리는 선천적으로 장애를 가진 그가 얼마나 많은 고난을 겪었는지 충분히 상상할 수 있다. 그는 자신이 살아남을 수 있었던 이유에 대해 용감하게 삶을 마주하고 불행을 직시했기 때문이라고 얘기한다. 그는 결연하게 말했다.

"일단 목표를 확실하게 정했으면 그것을 실현하기 위해 노력해야 합니다. 실패에 넘어져서는 안 돼요, 천 번을 넘어져도 다시 한 번 일어서야 하지요. 절대 실패로 인해 위축돼서는 안 됩니다."

존은 계속 넘어지면서도 두 팔로 걷는 법을 배웠고 스케이트보드의 고수가 됐다. 게다가 운전을 배워 면허도 땄다. 또한 수영과 잠수를 배워 오스트레일리아 장애인 경기 대회에서 우승을 했고 전국 역도 대회에서도 준우승을 차지했다.

그의 꿈은 연설가가 되는 것이었다.

"나는 10년 이내에 가장 위대한 연설가가 될 것이다."

현재 그의 연설을 듣는 청중은 세계적으로 350만 명을 넘어섰다. 백 번을 넘어져도 다시 일어서서 용감하게 전진하는 마음가짐이 오늘날의 존을 만들었다. 이러한 백절불굴의 의지는 성공의 기반이 됐다. 만약 이러한 정신이 없다면 설령 아무리 완벽한 사람이라도 성공의 희열을 맛보지 못할 것이다. 그저 다른 사람의 성공을 부러워하며 자신의 불운을 탄식할 뿐이다.

미국의 심리학자 쿨리Cooley는 다음과 같이 말했다.

"많은 사람들이 실패하는 이유는 그들에게 백절불굴의 정신, 그리고 절대 포기하지 않고 싸우려는 정신이 부족하기 때문이다."

확실히 재능이 넘치고 성공의 각종 조건을 구비하고 있는데도 많은 사람이 실패를 한다. 그 이유는 그들에게 의지가 부족하기 때문이다. 그들은 종종 사소한 장애물에 부딪혀도 즉시 걸음을 멈추고 앞으로 나아가지 않는다. 장애물을 돌아가거나, 고난이 닥치면 물러서고, 위험을 만나면 도망간다.

링컨은 1832년에 직장을 잃었다. 그는 매우 상심했지만 주의원이 되기로 결심했다. 그러나 안타깝게도 그는 경선에서 패배하고 말았다. 1년에 두 차례나 큰 타격을 받는다는 것은 누구에게나 고통스러운 일이었지만 링컨은 그로 인해 쓰러지지 않았다. 이어서 그는 기업을 창립했지만 1년도 못 가서 도산하고 말았다. 그 후로 17년간 링컨은 여기저기 바쁘게 뛰어다니며 정신없이 일했다. 기업이 도산했을 때 빌린 채무를 갚기 위해서였다.

1835년에 링컨은 약혼을 했다. 결혼을 몇 개월 남겨뒀을 무렵 그의 약혼녀가 갑자기 사망하고 말았다. 이는 링컨에게 매우 큰 충격이었다. 상심한 그는 수개월 동안 자리에 누워 일어나지 못했다. 그러나 자포자기의 날들은 결코 오래가지 않았다. 1838년 그는 몸과 마음이 회복되자 주지사 경선을 준비했다. 1843년에 국회의원 경선에 참여했지만 아쉽게도 또 실패하고 말았다.

연이은 시도에도 불구하고 링컨은 계속해서 실패했다. 회사가 도산하고, 약혼자가 세상을 떠났으며, 경선에서도 패배했지만 그는 포기하지 않았다. 1848년에 그는 다시 국회의원 경선에 참가했고 안타깝게도 또 낙선하고 말았다. 이번 경선에서 많은 돈을 써버린 그는 현지의 토지 관리원에 지원했다. 그러나 주정부는 그의 신청을 기각했고 거기에는 이렇게 쓰여 있었다.

"주정부의 토지 관리원이 되기 위해서는 비범한 재능과 남다른 지혜가 필요합니다. 당신은 이러한 조건에 부합되지 않습니다."

그러나 링컨은 여전히 굴복하지 않았다. 1854년에 그는 참의원 경선에 참가했지만 또 다시 실패했다. 2년 후 그는 미국 부통령 선거에 추천됐으나 상대에게 패하고 말았다. 2년 후에 다시 참의원 경선에 나섰고 또 실패했다. 링컨은 반평생을 성공하기 위해 노력했지만 성공은 세 차례에 불과했다. 하지만 세 번째 성공은 바로 미국의 16대 대통령으로 당선된 것이었다.

거듭되는 실패는 링컨의 굳은 신념을 흔들지 못했다. 오히려 링컨이 더욱 노력하며 자신에게 충실하고 위기를 돌파할 기회를 찾게 만들었다. 실패를 마주해도 링컨은 물러서거나 도망가지 않았다. 그리고 충만한 자신감으로 운명에 도전했고 결국 찬란한 인생을 맞이할 수 있었다.

　우리 삶에는 불확실한 일이 충만하고 당신은 다음 순간에 어떤 일이 일어날지 알 수 없다. 그러나 당신의 마음속에 삶에 대한 신념이 충만하고, 운명과 악전고투하고 쓰러지지 않는다면 당신은 모든 곤란이나 장애물에 맞서 싸우고 이길 수 있다.

46

희망은 가장 힘든
절망 속에서 생겨난다

하버드 사람들은 한 가지 신념을 굳게 믿고 있다. 그것은 바로 누구나 궁지에 몰릴 때가 있지만 이는 결코 삶의 진정한 궁지가 아니라는 것이다. 정신을 똑바로 차릴 수만 있다면 반드시 희망을 얻을 수 있고, 자기 자신을 구할 수 있다.

세상을 살아가면서 좌절과 시련을 피하기란 어려운 법이다. 득의와 실의는 한순간에 불과하고 그 누구도 다음 순간에 무슨 일이 벌어질지 예상할 수 없다. 그렇지만 우리는 영원한 절망은 없다는 사실을 반드시 이해해야 한다. 역경을 만나도 절대 비관적이거나 의기소침해서는 안 된다. 지금 당장 아무리 참기 힘든 고통을 겪고 있다 해도 하루 종일 그 고통 속에서 빠져나오지 못해서는 안 된다. 또한 고통이 당신의 마음속에 오래 머무르게 해서도 안 된다. 곤경이 찾아왔을 때 이를 강인한 태도로 마주하고 극복할 방법을 생각하면 결국에는 이겨낼 수 있다.

신념이 있으면 희망도 사라지지 않는다고 철학자들은 말했다. 하지만 많은 사람들이 한번 곤경에 빠지면 비관적이 되고 실망하게 된다. 심지어는 자신에게 커다란 압박을 가하기도 한다. 사실 이럴 때 우리는 스스로 고난은 희망의 시작이며, 분명 앞으로 아름다운 삶을 선사할 것이라고 얘기해야 한다. 마음을 편하게 먹고 희망은 어느 곳에나 있다는 사실을 믿으면 아무리 큰 곤경이 다가와도 담담하게 마주할 수 있다.

2차 세계대전 때 독일 나치당의 전쟁포로 수용소에서 독일 병사들은 종종 영국인 포로들에게 같이 축구를 하자고 했다. 경기는 감옥의 모래사장에서 진행됐는데 이는 독일 나치가 포로들을 괴롭히는 방식에 지나지 않았다.

나치는 충분한 음식을 제공하지 않았기 때문에 포로들의 영양 상태나 체력은 바닥이었다. 그들은 비틀거리며 어쩔 수 없이 축구 경기에 참가했다. 당연히 독일인들은 큰 점수로 승리를 거뒀고 영국인 포로들을 모두 돼지라며 비웃었다.

그러나 크리스마스 전날 열린 시합에서 의외의 일이 벌어졌다. 경기를 관람하던 사람들은 대부분 나치의 고위 관리였는데 그들은 모두 깜짝 놀랐다.

베럼은 포로가 되기 전에 우수한 저격수였고, 축구에서는 기술이 매우 뛰어난 포워드였다. 시합 전에 포로들이 검은 빵을 조금씩 모아 그에게 줬다. 덕분에 그는 충분한 체력을 갖추고 시합에 참가할 수 있었다. 시합은 단 3분간 진행되었는데 베럼은 마치 무아지경에 빠진 것처럼 독일인의 방어선을 교란시켜 슛을 날리며 독일의 골문을 돌파했다. 비록 최종적으로는 독일이 큰 점수 차로 승리하기는 했지만 그들의 '백전백승' 신화는 전쟁포로에 의해 깨졌다. 이는 그들에게 있어 치욕이었고 얼마 지나지 않아 베럼은 비밀리에 사형 당했다. 사실 경기에서 반드시 골을 넣기로 마음먹은 후 베럼은 자신이 사형 당할 수 있음을 알고 있었다. 영국의 어느 작가는 여러 차례 그에 대해 언급하며 그날 시합 이후 베럼은 수용소에 갇힌 사람들의 정신적 지주이자 승리의 신념이 됐다고 얘기했다.

50여 년이 지난 후 영국의 어느 방송국에서 신념을 주제로 이 얘기를 방송했다. 그 결과 수만 명의 전화를 받았고 그 중에는 베럼의 전우였던 한 노인이 있었다. 그는 베럼이 골을 넣은 후 모든 사람에게 영국은 반드시 승리할 것이라는 확신이 생겼다고 말했다.

프랑스의 시인 폴 베를렌Paul Verlaine은 다음과 같이 말했다. "희망은

7장 최고의 성취는 끊임없이 스스로를 개선하는 것이다

햇빛과도 같다. 희망과 햇빛은 모두 빛 속에서 승리를 얻는다. 희망은 황량한 마음에 피어나는 신성한 꿈이고, 햇빛은 진흙탕에서도 눈부신 금빛이 떠오르게 만든다."

희망은 사람에게 굳은 신념을 준다. 희망 없이는 성공을 기다릴 수 없고, 가장 아름다운 희망은 종종 가장 힘든 절망 속에서 생겨난다.

인생은 한 차례의 시합과도 같다. 어쩌면 당신은 항상 선두를 유지하지 못하고 도태되는 국면을 맞이할지도 모른다. 그러나 계속해서 시합에 참가해야만 언젠가 만족할 만한 성적을 거둘 수 있다. 당신이 마주한 곤경에서 벗어나고 싶다면 반드시 마음에 희망의 빛을 비춰야 한다. 그래야만 비로소 굳건하고 침착하게 곤경 뒤에 있는 승리를 향해 나아갈 수 있다.

어떤 일을 하든지 마음속에 희망이 충만하기만 하면 당신에게는 계속해 나아갈 동력과 백절불굴百折不撓의 강인함이 생겨날 것이다.

하버드 공개수업 인생론 특강
−세계 최고 대학에서 성공, 행복, 인생을 배우다

1판 1쇄 찍음   2020년 6월 18일
1판 1쇄 펴냄   2020년 6월 25일

지은이   하버드공개수업연구회
옮긴이   김경숙
펴낸이   조윤규
편집   민기범
디자인   홍민지

펴낸곳   (주)프롬북스
등록   제313-2007-000021호
주소   (07788) 서울특별시 강서구 마곡중앙로 161-17 보타닉파크타워1 612호
전화   영업부 02-3661-7283 / 기획편집부 02-3661-7284 | 팩스 02-3661-7285
이메일   frombooks7@naver.com

ISBN   979-11-88167-32-6 03190

이 도서의 국립중앙도서관 출판예정도서목록(CIP)은 서지정보유통지원시스템 홈페이지
(http://seoji.nl.go.kr)와 국가자료공동목록시스템(http://www.nl.go.kr/kolisnet)에서 이
용하실 수 있습니다. (CIP제어번호 : CIP2020023643)